BOLA NA TRAVE NÃO ALTERA O PLACAR

Domine seus pensamentos. Mente forte vira o jogo.

PAULO JAMELLI

Copyright © 2025, Paulo Jamelli

EDIÇÃO Leonardo Garzaro
ASSISTENTE EDITORIAL André Esteves
ARTE Vinicius Oliveira e Silvia Andrade
REVISÃO E PREPARAÇÃO André Esteves

CONSELHO EDITORIAL
Leonardo Garzaro
Vinicius Oliveira

Dados Internacionais de Catalogação na Publicação (CIP)

J27p
    Jamelli, Paulo
    Bola na trave não altera o placar: Domine seus pensamentos. Mente forte vira o jogo. / Paulo Jamelli. – Santo André-SP: Rua do Sabão, 2025.
    372 p.; 16 X 23 cm
    ISBN 978-65-5245-004-3
    1. Futebol. 2. Psicologia do esporte. I. Jamelli, Paulo. II. Título.

CDD 796.334

Índice para catálogo sistemático:
I. Futebol
Elaborada por Bibliotecária Janaina Ramos – CRB-8/9166

[2025] Todos os direitos desta edição reservados à:
Editora Rua do Sabão
Rua da Fonte, 275 - 09040-270 - Santo André, SP.
editoraruadosabao.com.br
instagram.com/editoraruadosabao

PREFÁCIO

Por José Roberto Marques*

É com imenso entusiasmo que aceito o privilégio de apresentar esta obra inspiradora, que reflete a rica trajetória e a sabedoria de Paulo Jamelli, um ícone tanto no futebol quanto na vida. O livro aborda de forma detalhada e prática o conceito, as ferramentas e as aplicações do coaching, com foco especial no universo esportivo. Um verdadeiro guia de autodescoberta, superação e transformação pessoal, escrito por alguém que viveu intensamente os altos e baixos do esporte de alto rendimento.

Paulo Jamelli, reconhecido por sua carreira brilhante em clubes como São Paulo, Santos e Real Zaragoza, bem como por suas conquistas com a Seleção Brasileira, traz para este livro um toque único de autenticidade e profundidade. Sua experiência como jogador, enfrentando desafios em campo e fora dele, confere credibilidade a cada conceito e ferramenta apresentados. Mais do que isso, oferece uma visão holística e integrada do desenvolvimento humano, mostrando como é possível transformar vidas ao alinhar mente, corpo e espírito.

A obra é um convite à reflexão, apresentando ao leitor um caminho estruturado e repleto de recursos práticos, como a Roda da Vida e a análise SWOT pessoal. Estas ferramentas, descritas com clareza, são fundamentais para qualquer processo de autoconhecimento e estão alinhadas com os princípios que explorei em *A jornada do autoconhecimento*. Jamelli demonstra como essas metodologias podem ser aplicadas para identificar pontos fortes, superar crenças limitantes e construir uma vida pautada em propósito e conquistas.

Outro aspecto notável do livro é a forma como ele aborda temas muitas vezes negligenciados no desenvolvimento humano, como inteligência emocional, hipnose, meditação e o impacto das crenças no comportamento. Esses tópicos, apresentados com base em experiências reais e aplicados ao contexto esportivo, reforçam a mensagem de que o sucesso vai além das habilidades técnicas e requer um equilíbrio entre o físico, o mental e o emocional.

Em *Desperte o melhor que há em você*, defendi que a transformação começa dentro de nós, e Paulo Jamelli exemplifica isso de maneira brilhante ao explorar o conceito de jogo interior. Ele nos lembra que o maior adversário de um atleta, e de qualquer indivíduo, não está do lado de fora, mas dentro dele mesmo. Este livro ensina a vencer essa batalha interna com estratégias práticas, insights profundos e, sobretudo, inspiração.

Jamelli também mergulha em questões como o poder da respiração, a importância da resiliência e a necessidade de alinhar crenças e valores para alcançar metas ousadas. Ele não apenas ensina, mas conduz o leitor a experimentar essas reflexões, criando uma conexão poderosa entre teoria e prática. É essa habilidade de traduzir conceitos complexos em aplicações acessíveis que faz desta obra um recurso valioso para atletas, profissionais e qualquer pessoa em busca de evolução pessoal.

Por fim, a coragem de Paulo Jamelli em compartilhar sua jornada pessoal e seus aprendizados é um presente para todos nós. Este livro nos mostra que, assim como no esporte, a vida é uma combinação de técnica, estratégia e paixão. É uma leitura indispensável para quem deseja superar limites e alcançar o extraordinário.

Parabéns, Paulo Jamelli, por oferecer ao mundo uma obra tão transformadora. Que suas lições inspirem todos aqueles que têm o privilégio de lê-la a se tornarem as melhores versões de si mesmos.

**José Roberto Marques é presidente do Instituto Brasileiro de Coaching (IBC)*

CARTA AO LEITOR

Fala, galera! Jamelli por aqui! É um prazer ter meu livro na sua mão.

Para quem não me conhece, nasci em 1974, sou paulistano e tenho três filhos: Amanda, Luiza e Gianlucca. Eu comecei minha carreira no futsal do Juventus da Mooca, mas logo ingressei nas categorias de base do São Paulo FC, onde dei meus primeiros passos no mundo do futebol. Foi lá que ganhei projeção nacional após a disputa da Copa São Paulo de Futebol Júnior de 1993. Como meia-atacante, fui o destaque na épica final contra o Corinthians, marcando três gols na vitória por quatro a três. Esse foi um momento inesquecível na minha carreira e um grande marco na minha trajetória.

Em 1995, fui emprestado para o Santos, onde vivi um novo ciclo: com o Santos, me tornei um dos destaques daquela equipe espetacular, especialmente entre 1995 e 1996. Nós conquistamos o vice-campeonato brasileiro em 1995 e, de quebra, recebi o Prêmio Bola de Prata e o prêmio individual de artilheiro em um só jogo por ter feito três gols numa única partida, uma honra para qualquer jogador.

Também joguei no exterior; primeiro, fui para o Japão. Joguei no Kashiwa Reysol e no Shimizu S-Pulse. Depois, segui para a Espanha, onde defendi o Real Zaragoza por mais de seis anos e o Almeria. Foi uma experiência incrível, que ampliou minha visão de sociedade e me ajudou a crescer como atleta e indivíduo.

De volta ao Brasil, ainda atuei pelo Corinthians e depois pelo Atlético-MG. Foi quando tive um sério problema no joelho. Uma infecção bacteriana, após uma artroscopia, me impediu de estrear pelo clube mineiro, o que foi uma grande decepção para todos.

Também tive a honra de defender a Seleção Brasileira, pela qual marquei três gols. O sonho de infância havia sido realizado. Representar meu país foi um dos maiores privilégios da minha carreira.

Após a carreira de atleta, continuei trabalhando no mundo do futebol em diversas funções. Trabalhei como executivo de futebol no Barueri, Coritiba e Santos FC, depois como treinador no Marcílio Dias, Independente de Limeira e Mauaense e como scout do Olympique de Marseille na América Latina.

Toda essa experiência me proporcionou o convite para ser instrutor da CBF Academy e da CONMEBOL Evolución, me habilitando a dar aulas e palestras como professor, instrutor e coordenador para treinadores, jogadores, diretores, executivos, empresários e outros profissionais ligados ao esporte por toda a América do Sul.

Hoje, estou trabalhando em escolinhas de futebol e como comentarista na rádio, televisão e internet.

Cada etapa da minha trajetória, desde o Juventus da Mooca até a Seleção, foi marcada por desafios e conquistas, e sou grato por cada momento vivido.

E é com toda essa bagagem, essa experiência, que eu venho te apresentar o meu livro.

Como coach focado em esportes, posso dizer com segurança que a experiência de um coach esportivo é fundamental para o desenvolvimento de qualquer esportista. Não se trata apenas de orientação física, técnica e tática; é um acompanhamento integral que abrange todos os aspectos da vida do atleta, priorizando o ponto de vista mental e comportamental e visando a saúde emocional do atleta.

A experiência de um coach esportivo traz uma perspectiva externa, real e objetiva. Muitas vezes, estamos tão imersos em nossa rotina de treinos e competições que perdemos a visão geral. Como coach, ajudo os atletas a identificarem pontos de dificuldade e áreas de melhoria que, de outra forma, poderiam passar despercebidos. Com minha experiência, consigo oferecer estratégias personalizadas e práticas que vão além do treino convencional.

Outro ponto importante é a motivação e o apoio emocional.

> **A JORNADA DE UM ESPORTISTA É REPLETA DE ALTOS E BAIXOS E É FÁCIL SE SENTIR DESMOTIVADO OU PERDIDO EM MOMENTOS DE DIFICULDADE.**

Como coach, estou ao lado do atleta, oferecendo suporte constante e ajudando a manter o foco e a motivação, mesmo nos momentos mais desafiadores. Minha experiência permite que eu entenda as pressões e expectativas que os atletas enfrentam. Por já ter vivido momentos como esses, posso oferecer ferramentas e soluções para lidar com esses desafios de maneira saudável e produtiva.

Por fim, o conhecimento acumulado ao longo dos anos permite que eu adapte as técnicas e métodos às necessidades específicas de cada atleta. Entendo que cada pessoa é única e que não existe uma abordagem única, todos nós possuímos qualidades, valores, medos, ansiedade, dúvidas e mais uma série de sentimentos que são individuais e que só nós sabemos como lidar com eles, por isso a importância do autoconhecimento e da intervenção de um coach esportivo.

E, além de tudo, a verdade é que cada capítulo deste livro pode ser integrado à sua vida, você sendo atleta ou não.

Comprometimento, foco e missão são valores inerentes a toda e qualquer pessoa. Que esse livro te sirva como um guia, um amigo, um companheiro na sua jornada para você alcançar todos os seus objetivos!

A MUDANÇA NEM SEMPRE É FÁCIL, MAS É RECOMPENSADORA.

Boa leitura!

PARTE UM
O coaching

> **TODO JOGO É COMPOSTO POR DUAS PARTES, A EXTERIOR E A INTERIOR.**
>
> — TIM GALLWEY

CAPÍTULO UM

A ORIGEM DO COACHING

> "COACHING É O PROCESSO QUE AUXILIA INDIVÍDUOS E EMPRESAS A AUMENTAREM E TRANSFORMAREM O SEU DESEMPENHO."
> — *JOSÉ ROBERTO MARQUES*

A origem da palavra "coaching" vem do inglês, mas sua história começa com os húngaros, que usavam o termo "coach" para se referir a uma carruagem, simbolizando algo que conduz. Isso remonta ao século XV.

Mais tarde, em Oxford, na Inglaterra, a palavra "coach" passou a designar tutores que preparavam jovens alunos para exames e desafios acadêmicos. Em 1831, o termo foi usado pela primeira vez no esporte, definindo o que conhecemos hoje como treinador.

No inglês moderno, "coach" se refere a um técnico esportivo, ou o "head coach", o treinador principal. Com o tempo, o termo começou a ser usado também para gestores de pessoas. Essa associação surgiu porque a relação entre um treinador esportivo e um gerente de equipe é facilmente comparável.

Nos anos 1950, os empresários começaram a perceber que equipes bem geridas eram mais eficientes, tinham uma melhor relação custo-benefício e que o desempenho estava ligado ao estado psicológico, mental e comportamental dos líderes e colaboradores.

Em 1974, Timothy Gallwey escreveu o livro chamado *The inner game of tennis*,[1] no qual observou que atletas com habilidades físicas e técnicas semelhantes tinham desempenhos diferentes em competições. Ele percebeu que o fator mental era crucial nos momentos de pressão e estresse. Seus alunos que eram mentalmente mais preparados saíam vitoriosos, mesmo que às vezes tivessem menos talento e habilidade.

Empresários que jogavam e treinavam tênis de forma amadora com Gallwey notaram o impacto positivo dessas observações e decidiram aplicar os conceitos em suas empresas. Assim, o coaching esportivo migrou para o ambiente corporativo, especialmente nos anos 80. Eles ficaram encantados com os resultados, percebendo que o comportamento mental afeta profundamente o desempenho e os resultados da equipe, tanto no esporte quanto nos negócios. Isso demonstrou que apenas o talento inato não era suficiente; o esporte é uma atividade que exige capacitação contínua.

Programas de treinamento em liderança, gestão de pessoas e gerenciamento de crises começaram a ser compartilhados entre líderes empresariais. Foi nesse contexto que o processo de coaching ganhou popularidade e credibilidade.

---

[1] No Brasil, o título foi traduzido para *O jogo interior do tênis: O guia clássico para o lado mental da excelência no desempenho*. (N. do E.)

Em 1985, surgiram as primeiras organizações dedicadas a regulamentar e padronizar o coaching na Europa e Estados Unidos. No Brasil, isso só começou a acontecer em 2007. Com a evolução do coaching, o aumento de profissionais na área e as dúvidas sobre a distinção entre coaching, psicologia, psiquiatria, análise e *mentoring*, o mercado se profissionalizou. Hoje, há várias associações, escolas e institutos que buscam regulamentar a profissão.

O coaching é amplamente difundido na Europa, Ásia, Estados Unidos e América do Sul e é utilizado por empresas para identificar e aprimorar setores de RH, vendas, formação de equipe e gestão de pessoas. Além disso, pessoas buscam coaching para encontrar sentido em suas vidas, melhorar sua vida pessoal e alcançar objetivos.

No esporte, atletas, treinadores e gestores perceberam que os conceitos de coaching também podem ser aplicados. Assim como o coaching corporativo se originou do esportivo, agora o ciclo se completa e cada vez mais atletas procuram o apoio de coaches.

HOJE O CONHECIMENTO É MAIS VALORIZADO DO QUE NUNCA.

A fama e o dinheiro não são suficientes para ter sucesso em todas as áreas do esporte. É preciso ter uma visão ampla do ambiente e uma prática contínua, complementada pela teoria e a habilidade de lidar com o conhecimento acumulado.

CAPÍTULO DOIS

O QUE NÃO É COACHING

> "COACHING ACONTECE DE DENTRO PARA FORA, NÃO DE FORA PRA DENTRO."
> — *PAULO JAMELLI*

O processo de coaching é um conjunto de várias técnicas, teorias, ideologias e conceitos que são fundidas com a intenção de melhorar a vida dos seres humanos e dos atletas. É uma mescla de várias ciências, como psicologia, administração, gestão de pessoas, psiquiatria, sociologia, filosofia, planejamento estratégico, PNL,[2] entre outras.

---

[2] Sigla para programação neurolinguística. (N. do E.)

O QUE NÃO É COACHING?

COACHING # MENTORING
COACHING # ANÁLISE
COACHING # PSICOLOGIA
COACHING # COUNSELING
COACHING # TREINAMENTO
COACHING # CONSULTORIA
COACHING # ENSINO

CAPÍTULO TRÊS

NOMENCLATURA DO COACHING

> "O COACH É UM TREINADOR QUE, PERGUNTANDO, NOS AJUDA A CONSEGUIR ATINGIR RESULTADOS E OBJETIVOS QUE SOZINHOS NÃO CONSEGUIRÍAMOS."
> — *PAULO JAMELLI*

Em suma, o coaching é um processo profundo em que um indivíduo atua como tutor ou treinador mental, contribuindo para que outros indivíduos ou equipes alcancem objetivos que seriam mais difíceis sem essa orientação.

COACHING é o processo;
COACH é quem aplica o processo;
COACHEE é quem recebe o processo.

No meu caso, tive acesso a experiências que, antigamente, não recebiam o nome de coaching, mas contavam com técnicas semelhantes. Um valioso exemplo de mentor foi o treinador Telê Santana, sobre quem voltarei a falar mais adiante. Telê se valia de ferramentas que, hoje em dia, são fundamentais na gestão de equipes, como valorizar o papel de cada um e compreender a importância do coletivo.

A união e o trabalho em grupo, somados à uma liderança eficiente, foram preponderantes em times como o São Paulo, na Era Telê, e o Santos de 1995, que atingiram resultados notáveis graças a essas qualidades.

CAPÍTULO QUATRO

O PROCESSO DO COACHING

"QUANDO VOCÊ SE CONCENTRA NOS PROBLEMAS, TERÁ MAIS PROBLEMAS. QUANDO VOCÊ SE CONCENTRA NA SOLUÇÃO, VERÁ MAIS OPORTUNIDADES."

— *NAPOLEON HILL*

O processo de coaching acontece de dentro para fora, estimulando o indivíduo a se conhecer melhor, a confiar mais em si mesmo e a usar sua força interior. Ele fortalece suas crenças, desperta curiosidade e aprimora a habilidade de escutar e compreender o que acontece ao redor, sempre por meio de perguntas que promovem a evolução e o autoconhecimento.

EM SÍNTESE...

Consultoria	De fora para dentro
Terapia	De fora para dentro
Aconselhamento	De fora para dentro
Treinamento	De fora para dentro
Ensino	De fora para dentro
Coaching	**De dentro para fora**

Há várias vertentes das ciências do comportamento humano e todas elas têm sua importância na construção de um cenário de evolução para as pessoas envolvidas. Elas estão intimamente relacionadas e, muitas vezes, é difícil distinguir onde uma começa e a outra termina. Isso pode gerar conflitos e mal-entendidos ao tentar explicar o que é o processo de coaching.

> **O COACHING NÃO É UMA AVALIAÇÃO, NÃO JULGA, NÃO DÁ PRÊMIOS OU CASTIGOS.**

Ele se concentra no momento presente, com o intuito de alcançar metas e objetivos futuros. O coach escuta seu coachee em 50% do tempo, faz perguntas em 30% e opina apenas em 20%.

Diferentemente das terapias convencionais, o coaching não induz respostas, mas sim provoca reflexão e ajuda o coachee a encontrar suas próprias soluções.

Coaching é um acordo entre duas pessoas que identificam um estado atual, traçam um plano (jornada) e estabelecem um objetivo (estado desejado). O processo tem início, meio e fim. O foco é alcançar resultados e acelerar a conquista desses resultados, usando técnicas, ferramentas e métodos sofisticados e comprovados, sempre em busca de uma melhor qualidade de vida e de um significado para nossa existência.

Um dos pontos cruciais do coaching é a oportunidade de conhecer e definir sua missão, visão e propósito de vida. Isso é fundamental para nos conectarmos com quem realmente somos e aproveitarmos ao máximo nossos sonhos e desejos.

É importante mantermos o sentido de nossas vidas e o propósito que nos torna merecedores de estar aqui, vivendo e nos relacionando com as pessoas e o universo.

> **O COACHING PROMOVE MUDANÇAS POSITIVAS E DURADOURAS, FORTALECE PONTOS FORTES E AJUDA A SUPERAR BARREIRAS, AUMENTAR A CONFIANÇA, ATINGIR O MÁXIMO POTENCIAL E ALCANÇAR METAS E OBJETIVOS.**

O coach trabalha com atletas, executivos, empresas ou grupos, gerando novas ideias, perspectivas e maneiras de entender situações. Ele utiliza perguntas poderosas que estimulam a reflexão e uma nova forma de enxergar os desafios, questiona crenças e valores, sugere novas possibilidades, gera energia e incentiva a tomada de decisões. Isso faz com que o coachee respeite sua história e a de sua família, movendo seus pensamentos para a ação.

As soluções estão dentro de cada um de nós e cada pessoa tem uma maneira única de enfrentar e resolver obstáculos. Cada um de nós possui uma resposta diferente para cada situação.

Geralmente, dirigimos tanta atenção aos problemas que esquecemos de nos preocupar com a solução. Às vezes, é necessário que alguém nos estimule a encontrar a saída por conta própria. Um exemplo disso ocorreu quando eu desenvolvia o processo de coaching com um jogador de golfe muito talentoso, mas com dificuldades para executar tacadas quando a bola caía nos bancos de areia do campo. Ele treinava constantemente, contudo, não conseguia sair do lugar. Não evoluía e seu jogo ficava bloqueado.

Um dia, sugeri que o intuito do treinamento fosse impedir que a bola caísse na areia ao invés de se concentrar em melhorar a tacada para tirá-la de lá. Ele nunca havia pensado nisso, então começou a alterar sua estratégia, tomando a precaução de evitar que a bola caísse na areia durante o jogo. O resultado foi impressionante, pois seu desempenho evoluiu muito e o número de tacadas diminuiu.

Esse caso evidencia como, no processo de coaching, é preciso modificar a abordagem, valorizar as qualidades do atleta e recorrer a soluções criativas para se desviar dos problemas ao invés de focar nas dificuldades.

> **MUITAS VEZES, O CAMINHO PARA A VITÓRIA É PAVIMENTADO PELOS ESTÍMULOS E PERGUNTAS CERTAS.**

CAPÍTULO CINCO

O JOGO INTERIOR

> "SER DESAFIADO NA VIDA
> É INEVITÁVEL, SER DERROTADO
> É OPCIONAL."
> — *ROGER CRAWFORD*

No esporte de alto rendimento, todos sabemos que apenas estar bem preparado fisicamente, taticamente e tecnicamente não garante o sucesso. Os aspectos psicológicos, emocionais e comportamentais são cada vez mais decisivos para a vitória.

O esporte de alto rendimento tornou-se extremamente complexo e competitivo nas últimas décadas. A diferença entre ser campeão, estar entre os melhores do ranking, alcançar índices e bater recordes é mínima, e o que faz a diferença é o lado mental.

Em seu livro *O jogo interior do tênis*, Tim Gallwey aborda exatamente essa questão. Como treinador de tênis para adolescentes e jogadores amadores no início dos anos 70, Gallwey observou que, nos torneios, sempre os mesmos atletas ganhavam. E esses vencedores muitas vezes não eram os mais talentosos, fortes ou inteligentes, mas os mais focados e mentalmente fortes.

Tenistas com maior poder mental alcançavam seus objetivos, mesmo sem o talento ou a força física de seus concorrentes.

> **A CAPACIDADE DE TOMAR DECISÕES RÁPIDAS E ACERTADAS É ESSENCIAL TANTO NO ESPORTE QUANTO NA VIDA.**

Os atletas precisam ter uma postura positiva para enfrentar as dificuldades nas competições. A maneira como encaram esses obstáculos é fundamental. O aspecto mental do jogo é tão importante quanto a parte técnica, tática e física e, muitas vezes, é até mais crucial.

A mente deve estar clara, com objetivos definidos, sem interferências, distrações ou dúvidas. A certeza de que os treinamentos e estratégias são corretos aumenta a confiança e a autoestima.

Na minha carreira, um exemplo de como a preparação mental foi fundamental para enfrentar conflitos com sabedoria ocorreu na final da Copa del Rey entre Zaragoza e Celta de Vigo, em 2001. Eu, que na época jogava pelo Zaragoza, era o responsável por bater os pênaltis da equipe. Na ocasião, o goleiro do Celta, o argentino Cavallero, se aproximou de mim antes da cobrança e me provocou: "Eu sei como você bate os pênaltis, assisti aos vídeos dos últimos que você bateu". Ele tentou usar aquele momento para travar uma guerra psicológica comigo e me deixar em uma situação de dúvida.

Se eu não estivesse mentalmente bem preparado, essa catimba poderia ter me desestruturado. Isso evidencia como o equilíbrio emocional pode superar técnica, tática e físico em momentos de grande tensão. Eu estava confiante porque já havia fortalecido minha mente para essa situação. Não cedi à provocação e o resultado foi o gol, ajudando nosso time a conquistar o título.

Em situações decisivas como essa, acreditar nas próprias convicções e se manter confiante é uma fórmula exitosa em qualquer ambiente, seja no esporte, no trabalho ou na vida pessoal.

Segundo Gallwey, todo jogo tem duas partes: uma disputa interior e uma disputa exterior. A disputa exterior é contra o adversário, o campo, o vento, a chuva e outros fatores externos. A parte mais importante, porém, é o jogo interior, o duelo interno que cada atleta trava consigo mesmo. Podemos ser nossos maiores inimigos.

Precisamos entender que esses dois jogos acontecem simultaneamente e que podemos escolher para qual deles dar prioridade. Evitar julgamentos, criar imagens e deixar as coisas acontecerem são habilidades essenciais no jogo interior, sendo a concentração a mais importante.

> **O MELHOR DESEMPENHO SURGE QUANDO A MENTE ESTÁ LIVRE DE BLOQUEIOS, NO RITMO CERTO, CONFIANTE E SEM MEDO, CRÍTICA, ANSIEDADE OU INCERTEZAS.**

A prática constante e disciplinada é uma das chaves para alcançar esse nível de maturidade, proporcionando ao atleta e ao treinador a confiança necessária para melhorar a performance, independentemente das interferências externas.

Pressões externas sempre existirão e tendem a aumentar conforme o nível de exigência. Lidar com a pressão de forma equilibrada é essencial para superá-la. Sentir satisfação ao agir de acordo com suas crenças, valores e natureza é o que leva os atletas a obterem resultados e vitórias de forma natural.

O poder mental e inteligência emocional são ferramentas cruciais nesse processo.

Focar no presente, no aqui e agora, é fundamental para dar prioridade ao que realmente importa. Silenciar a mente e concentrar-se no essencial é uma habilidade que pode ser desenvolvida, substituindo pensamentos negativos por novos desafios.

Quando a mente parece desviar a atenção, é importante trazê-la de volta ao controle. É como ter uma música na cabeça na qual não conseguimos parar de pensar; a solução é cantar ou escutar outra música. Essa regra se aplica também à superação de vícios, substituindo-os por hábitos mais saudáveis.

PARA INOVAR E MUDAR, SÃO NECESSÁRIAS CORAGEM E CONFIANÇA.

Testar novos treinamentos e abordagens fora da zona de conforto é um passo difícil, mas recompensador quando os resultados confirmam o acerto.

A experiência é uma ferramenta poderosa no processo de aprendizado. Aprender com situações passadas nos torna mais sábios e preparados para os próximos desafios.

O grande desafio para treinadores e mentores é oferecer orientações e ferramentas para que os atletas descubram suas próprias soluções, de acordo com suas crenças, valores e convicções. Aqueles que já trilharam o caminho podem guiar os outros a encontrarem seu próprio caminho.

Um jogador de futebol que aprendeu a bater na bola ou que já sentiu a pressão de cobrar um pênalti em uma final pode ajudar outros a terem sucesso em situações similares. No entanto, o aprendizado deve ocorrer de dentro para fora, não de fora para dentro.

Aponte a câmera do seu celular para assistir à exibição do pênalti batido por Jamelli na final da Copa Del Rey 2001.

Quando o atleta compreende esse mecanismo e aprende a treinar sua mente, tudo se torna claro. Aprender não é apenas acumular informações, mas adaptar lições ao seu estilo, mudar comportamentos e encontrar uma maneira de agir e pensar de maneira coerente com suas crenças.

A sabedoria não está em encontrar novas respostas, mas em reconhecer aquelas que nos convencem e com as quais nos identificamos.

A primeira coisa a fazer é aprender a lidar com as interferências negativas, que nos distraem e prejudicam nossa autoestima. Os maiores lapsos de concentração ocorrem quando projetamos o futuro com base em experiências passadas ou ficamos presos a erros anteriores.

> **OS ERROS SÃO PARTES IMPORTANTES DO PROCESSO DE DESENVOLVIMENTO. SUPERAR DESAFIOS E CRISES NOS FORTALECE.**

Entender que eventos negativos são oportunidades para melhorar e aceitar que não podemos controlar tudo, isso é libertador.

Por exemplo, não podemos controlar a chuva, mas podemos nos preparar para ela. Da mesma forma, devemos nos preparar para enfrentar situações adversas, mesmo que não estejam sob nosso controle.

Muitas vezes, os atletas têm qualidades ocultas ou adormecidas que só se revelam sob pressão. Saber lidar com a pressão e a intensidade dos desafios é um dos segredos dos grandes atletas. Por isso, às vezes, a vitória é menos importante do que o caminho percorrido para alcançá-la.

O equilíbrio é fundamental na preparação para uma competição. O problema não é saber o que fazer, mas conseguir fazer o que sabemos.

Muitos atletas relatam que quando se concentram demais em um aspecto, esquecem de outros, ou que obtêm bons resultados nos treinos, mas não conseguem reproduzir o desempenho em competições. O objetivo é alcançar um equilíbrio entre esforço e relaxamento, seriedade e diversão, de modo que a pressão seja benéfica e permita o seu melhor desempenho.

CAPÍTULO SEIS

O JOGO MENTAL

"UM CAMPEÃO TEM MEDO DE PERDER. TODO O RESTO TEM MEDO DE VENCER."
— *BILLIE JEAN KING, TENISTA*

Quantas vezes vemos atletas quebrando raquetes, xingando, chutando placas, gritando, batendo tacos, pulando sobre os outros, subindo em alambrados e realizando outras expressões emocionais, seja por raiva ou alegria?

Como jogador, sempre me considerei uma pessoa muito equilibrada dentro de campo, mesmo diante de provocações. Tomava o cuidado de manter o meu foco no jogo, muitas vezes me valendo de insultos e vaias como combustíveis para fortalecer meu desempenho.

No entanto, diante de uma provocação, pode ocorrer de uma pessoa equilibrada explodir, como foi o caso do ex-jogador francês Zinédine Zidane, que, no final da Copa do Mundo de 2006, quando a França enfrentou a Itália, deu uma cabeçada no peito do italiano Materazzi após um desentendimento no gramado.

O episódio inesperado resultou na expulsão de Zidane da partida decisiva, quando a Itália se sagrou campeã. Zidane é um exemplo de atleta ponderado que não foi capaz de controlar as emoções e acabou sendo prejudicado por elas.

Essas demonstrações refletem sentimentos como orgulho, raiva, vergonha, êxtase, felicidade e desespero, e às vezes chegam a extremos durante uma partida. Essas reações revelam os aspectos emocionais de cada indivíduo; controlar essas emoções é vital para manter o controle.

Jogar cada ponto com o objetivo de vencer, sem se preocupar com o resultado final, mas focando no esforço máximo em cada momento, é explorar ao máximo sua capacidade física, mental e técnica.

GRANDES CONQUISTAS SÃO FRUTOS DE GRANDES ESFORÇOS.

A pressão por resultados e os julgamentos decorrentes nos tornam alvos perante a sociedade. Em uma sociedade na qual valorização e respeito estão intimamente ligados à performance e aos resultados, é natural nos preocuparmos com vitórias e derrotas.

Treinamos e nos esforçamos para vencer e sermos bem-sucedidos, mas o valor de um atleta não pode ser medido apenas pelo desempenho e resultado. Devemos considerar todo o processo e o caminho trilhado para alcançar esses resultados. Como treinadores e professores, é fundamental reconhecer e valorizar cada objetivo alcançado e cada desafio superado.

No esporte e na vida, um dos obstáculos mais difíceis de superar é a ansiedade. A ansiedade é o medo do que pode acontecer no futuro e surge quando vivemos pensando no amanhã e nos problemas que podem nos atrapalhar. Quando nos concentramos no passado, podemos nos tornar deprimidos; quando focamos no futuro, nos tornamos ansiosos. Por isso, devemos nos concentrar no presente. Viver no presente é essencial, pois é o único tempo em que podemos realmente viver, controlar e realizar grandes feitos.

Grande parte do sofrimento ocorre quando permitimos que nossa mente imagine o futuro ou reviva o passado.

> **EDUCAR NOSSA MENTE PARA FOCAR NO MOMENTO ATUAL É UMA FERRAMENTA IMPORTANTE PARA MELHORAR NOSSO RENDIMENTO E FACILITAR O APRENDIZADO.**

A lembrança de certos sons, imagens, experiências e exemplos é fundamental para ativar nossa memória e abrir a mente para aprender e acumular conhecimento.

Os atletas absorvem informações de maneiras diferentes: alguns são mais visuais, outros auditivos, olfativos ou cinestésicos (aprender por meio da experiência, praticar para aprender, provar) e a maioria é uma combinação desses componentes. Para alguns, mostrar é melhor do que falar; para outros, muita informação pode ser prejudicial. Em alguns casos, a lembrança de certos sons pode ser muito eficaz, enquanto em outras situações, um odor pode desencadear o processo de ativar nosso cérebro e acessar a vasta base de dados que possuímos.

Quando um jogador ouve um som específico, ele desencadeia uma série de lembranças que o corpo reconhece. Utilizar o som da bola, da torcida, dos companheiros de time e do estádio durante os treinos ajuda o atleta a se acostumar com o ambiente, permitindo que se concentre melhor nas ações durante a partida. Isso também pode acontecer com uma imagem, um cheiro, um toque ou qualquer outra sensação. Quando o atleta acessa esse estado, ele se concentra completamente em sua missão no jogo.

CAPÍTULO SETE

FOCO

"DISCIPLINA É A PONTE ENTRE SEUS SONHOS E SEUS OBJETIVOS."
— *ANÔNIMO*

Manter o foco durante os treinamentos é geralmente mais fácil do que durante uma competição. Durante o jogo, diversos fatores podem distrair o atleta: torcida, adversário, árbitros, pressão por desempenho, orientações dos treinadores, dos pais, empresários, entre outros. Essas distrações podem desviar nossa mente e pensamentos do que é realmente importante.

Manter a concentração ao longo dos noventa minutos de um jogo, durante o intervalo de um game para outro, de uma tacada à outra, ou durante uma maratona de quarenta e dois quilômetros não é fácil.

Nesses intervalos, nossa mente tende a vagar, surgindo pensamentos sobre o placar, nosso desempenho, a estratégia do adversário, a tática que estamos utilizando, ou até mesmo sobre o que comemos antes da competição.

Para trazer nossa mente de volta ao momento presente e retomar o controle da situação, a respiração desempenha um papel crucial. Não há nada mais conectado ao presente do que a respiração; se não respirarmos, não viveremos.

Ao parar por um instante para nos concentrarmos na inspiração e expiração, enviamos uma mensagem ao nosso cérebro que nos ajuda a voltar a um ritmo de jogo controlado e natural, mantendo o foco.

A atenção focada pode ser comparada a usar uma lanterna em um quarto escuro: quanto mais próximo dos objetos e detalhes você estiver, mais você verá, e quanto mais afastar o feixe de luz, menos você enxergará. Se a lente da lanterna estiver suja ou desfocada, sua eficiência será comprometida. Portanto, é essencial que interferências externas não atrapalhem o foco.

Um foco amplo, que abrange uma grande área, é útil para ter uma visão macro e traçar uma estratégia geral. No entanto, um foco estreito, atento aos detalhes, é o que permite um desempenho eficaz e a possibilidade de sucesso.

Como disse Sêneca: "Se um homem não sabe a que porto quer chegar, nenhum vento é favorável".

> **FOCO É DEFINIR UM OBJETIVO E TRABALHAR PARA ALCANÇÁ-LO.**

Não se trata de egoísmo, mas de buscar recursos e maneiras de desenvolver ao máximo a sua capacidade. Contribuir para o melhor de todos começa com melhorar a si mesmo. É uma convergência de esforços para um ponto definido.

Estar focado é realizar tarefas com atenção e sem distrações momentâneas. Para não perder o foco no que realmente importa, é preciso lidar com os acontecimentos do dia a dia e os imprevistos que podem nos desviar de nossos verdadeiros objetivos.

Saber dizer "não" é crucial para manter o foco. Quando tentamos fazer muitas coisas ao mesmo tempo, acabamos perdendo a prioridade e, consequentemente, não atingimos a melhor performance nas tarefas que realizamos.

Devemos nos concentrar em soluções, não em problemas. É importante analisar e decidir o que merece nossa atenção e o que pode ser deixado para depois, estabelecendo prioridades. Não é necessário colocar a mesma intensidade em tudo; é preciso saber quando relaxar e quando dar 200% de esforço.

Estar focado é saber o que queremos, identificar os caminhos para alcançar esses objetivos, tomar atitudes relevantes e ter iniciativa. O treinador deve se concentrar no que está ao seu alcance e pode ser controlado, pois no esporte há muitos fatores incontroláveis.

Fazer o que depende de nós é essencial; o que não depende, simplesmente não depende.

Em resumo, saber dizer "não", gerenciar emoções, preservar momentos, ter objetivos claros, traçar metas, reconhecer nossos limites, desenvolver o autoconhecimento, criar estratégias, ser disciplinado, executar planos e identificar nossas potencialidades são atitudes inteligentes para desenvolver e manter o foco. Agindo assim, alcançaremos nossos objetivos.

CAPÍTULO OITO

COACHING ESPORTIVO

> "PODE PARECER DIFÍCIL NO COMEÇO,
> MAS TUDO É DIFÍCIL NO COMEÇO."
> — *MIYAMOTO MUSASHI*

O coaching esportivo é um segmento específico do processo de coaching, desenvolvido para treinadores, atletas, gestores, auxiliares, diretores e todos os envolvidos na prática esportiva.

Esse processo visa melhorar a performance dos atletas, desenvolvendo autoestima, autoconfiança, mudança comportamental, superação de etapas, planejamento de carreira, aumento do foco e disciplina. Também abrange a criação de metas, concentração nos treinamentos e jogos, fortalecimento mental, físico, técnico e tático, trabalho em equipe, convivência com pressões externas, desenho de um plano de ação para a temporada, importância das competições, controle do equilíbrio, geração de liderança e auxílio no relacionamento com a família e estudos, promovendo um maior conhecimento corporal e mental.

COACHING ESPORTIVO

Sabemos que o atleta, antes de tudo, é um ser humano e, como tal, possui qualidades e fraquezas, momentos bons e ruins. O lado pessoal está intimamente ligado ao sucesso ou fracasso profissional; o lado mental está diretamente relacionado com a performance.

As ferramentas do coaching esportivo são eficazes para transformações significativas na carreira e vida pessoal dos atletas. O processo foca no desenvolvimento tanto de atletas amadores quanto de alta performance, identificando e potencializando as qualidades específicas e diferenciadas de cada um, alcançando assim resultados extraordinários.

O PROCESSO DE COACHING ESPORTIVO POSSUI TRÊS PILARES:

VIDA PESSOAL + VIDA PROFISSIONAL + VIDA ESPIRITUAL

Esses três pilares estão profundamente interligados e, se não funcionarem em harmonia e equilíbrio, os resultados podem ser desastrosos.

Quando joguei no Japão e na Espanha, passei por momentos que me colocaram à prova quanto à minha adaptação. Nos momentos de desafios e dúvidas, precisei recorrer ao apoio da minha família. É importante salientar que meu maior rendimento como atleta sempre se deu em períodos em que eu estava em paz comigo mesmo e com a minha família — meus pais, minha esposa e meus filhos.

Isso evidencia como a tríade vida profissional, vida pessoal e vida espiritual é essencial para que os esportistas tenham mais êxito em suas performances. São vários os exemplos de atletas que enfrentam algum problema fora da profissão e, por esta razão, não conseguem atingir um desempenho satisfatório. Por isso, fortalecer a rede de apoio é fundamental.

Temos o caso emblemático do automobilista britânico Lewis Hamilton, que, por muito tempo, teve sua carreira gerenciada pelo pai. Quando perceberam que essa parceria deixou de ser saudável para ambos, a relação profissional entre eles foi desfeita. Houve uma demonstração notória de amadurecimento e inteligência ao detectarem que, após uma aliança de sucesso, era preciso seguir caminhos distintos para preservar a convivência e evitar que isso prejudicasse o equilíbrio emocional de Hamilton.

Quando trabalhamos com atletas de alto rendimento, em que a diferença entre ganhar ou perder pode ser de centímetros ou milésimos de segundo e o equilíbrio entre os competidores é extremo, qualquer vantagem faz a diferença. Trabalhar apenas os aspectos técnicos, táticos e físicos não é suficiente.

Desenvolver os aspectos emocionais, mentais e comportamentais é fundamental. O processo de coaching esportivo aborda esses aspectos de forma intensa, rápida, objetiva e eficaz, permitindo que atletas e treinadores alcancem suas metas e objetivos.

Esse método visa expor de maneira simples e clara as dificuldades e soluções que treinadores e atletas encontram no dia a dia de treinos e competições.

Coaching esportivo é fazer perguntas, não dar respostas; é assumir o controle da sua vida e carreira; é viver o tempo presente com foco no futuro; é buscar as respostas dentro de nós mesmos; é suspender julgamentos; é respeitar nossa história e a dos outros; é reconhecer nossos pontos fortes e áreas de melhoria.

COACHING É A ARTE DE FAZER ACORDOS, É IR DO PONTO A AO PONTO B.

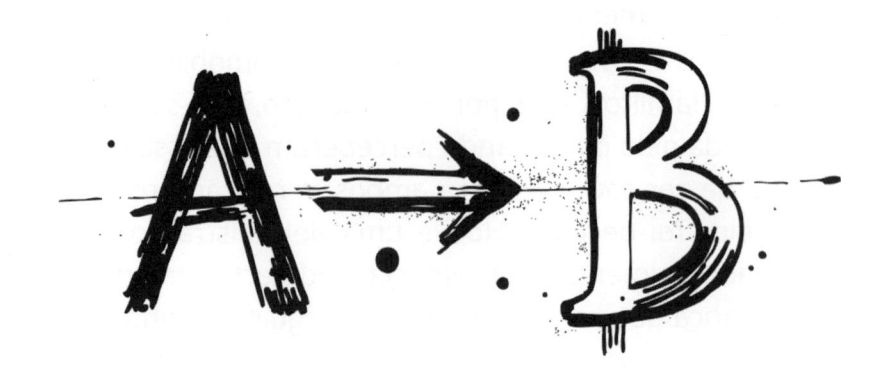

Quando sabemos onde estamos e aonde queremos chegar, temos uma grande parte da nossa missão resolvida.

Podemos chegar do ponto A ao ponto B de várias maneiras e com velocidades variadas: de carro, avião, foguete, a pé, a cavalo, na velocidade do pensamento, na velocidade da luz, ou talvez não chegar. Tudo depende de nós.

O processo de coaching esportivo se compromete a atravessar essa distância da maneira mais rápida, inteligente e eficiente, valorizando a jornada, desfrutando do caminho, respeitando nossa história e tendo bem definidas nossas crenças e valores.

> **SABER AONDE QUEREMOS CHEGAR, COMO, QUANDO, POR QUAL MOTIVO E COM QUEM É A MANEIRA IDEAL DE COMEÇAR QUALQUER CAMINHADA.**

TODO JOGO EXIGE A MENTE.

— PAULO JAMELLI

CAPÍTULO NOVE

COMO O PROCESSO DE COACHING PODE SER APLICADO NO UNIVERSO ESPORTIVO?

> "QUANDO CHEGAR A DERROTA, ACEITE ELA COMO SE FOSSE UM SINAL DE QUE SEUS PLANOS NÃO ESTÃO SÓLIDOS. NESSE MOMENTO, RECONSTRUA SEUS PLANOS E ZARPE NOVAMENTE ATÉ O OBJETIVO DESEJADO."
> — *NAPOLEON HILL*

No esporte e em nossas vidas, a mente, quando usada corretamente, é uma ferramenta magnífica para atingirmos nossos objetivos. No entanto, se não for educada ou for mal utilizada, pode se tornar altamente destrutiva.

Ressaltar a importância do autoconhecimento, equilíbrio emocional, planejamento de carreira, comunicação, interação, feedback, liderança, perfil de comportamento e empatia é essencial para a vida de treinadores e atletas.

O profissional do esporte que utiliza o processo de coaching adquire maior conhecimento pessoal e da equipe, identifica com mais facilidade os obstáculos, estipula metas com maior assertividade, mantém o equilíbrio, reconhece pontos fortes e áreas de melhoria e alcança melhores resultados.

Meu real interesse pelo coaching esportivo teve início no final da minha carreira como futebolista. Quando ainda estava em campo, sempre procurei visualizar o lado mental do jogo, mas nunca tive ao meu lado alguém com um olhar treinado para me ajudar a entender essa psicologia de forma mais profunda. Tenho certeza de que, se eu tivesse contado com o apoio de um coach esportivo e de um psicólogo esportivo no período em que eu estava em atividade, minha carreira teria sido diferente. Eu certamente seria um jogador melhor, com um desempenho melhor e com oportunidades melhores. Com menos estresse. Isso porque esses profissionais contribuiriam para que eu fortalecesse a minha tomada de decisões tanto dentro quanto fora de campo, me ajudando a aprimorar minha relação com a vitória e com o fracasso e com as questões burocráticas e contratuais que também atingem um jogador de futebol.

Todo jogo exige a mente. E toda mente requer cuidado amplo, com o suporte de médicos, psiquiatras, psicólogos, psicanalistas, coaches e, não só eles, mas também pessoas que querem estar perto de nós e fazer com que nos sintamos melhores.

> **EU ACREDITO SINCERAMENTE QUE OS GRANDES ATLETAS SÃO AQUELES QUE POSSUEM ACOMPANHAMENTO PSICOLÓGICO PARA DESENVOLVER TODO O SEU POTENCIAL.**

A saúde mental é fundamental para se obter qualidade de vida e, consequentemente, melhores resultados e desempenho.

Os benefícios do processo de coaching esportivo para atletas e treinadores são imensos. Seguem alguns deles:

- promove uma melhor integração da equipe;
- foca nos resultados;
- desenvolve qualidades individuais para o bem do grupo;
- define claramente os papéis de cada membro;
- escolhe líderes e delega funções;
- melhora a comunicação;
- ensina a escutar;
- inspira os companheiros;
- torna o grupo comprometido com os objetivos;
- transmite claramente a missão e os valores do clube;
- envolve todos no projeto;
- e, por fim, faz com que todos se sintam importantes e parte da engrenagem.

> **QUANDO VOCÊ TEM UM PLANO, SIGA-O.**
>
> — GABRIEL SOUZA

CAPÍTULO DEZ

FERRAMENTAS DO COACHING ESPORTIVO

> "QUANDO VOCÊ NÃO SABE O QUE QUER FAZER, ESCREVA. QUANDO VOCÊ NÃO SABE O QUE FAZER, APRENDA. QUANDO VOCÊ SABE O QUE FAZER, PLANEJE. QUANDO VOCÊ TEM UM PLANO, SIGA-O. A MAIORIA DOS PROBLEMAS TEM UMA SOLUÇÃO SIMPLES, VOCÊ APENAS TEM QUE ESTAR DISPOSTO A FAZER ISSO."
> — *GABRIEL SOUZA*

As perguntas são as ferramentas mais poderosas do processo de coaching. No coaching esportivo não é diferente.

Devemos ser curiosos, fazer perguntas, escutar com interesse, conhecer melhor nossos companheiros e entender seus perfis de comportamento e suas maneiras de agir.

As perguntas são para o coaching o que a bola é para o futebol: sem elas, o jogo não acontece, e sem perguntas, a sessão de coaching não existe.

No coaching esportivo, além de fazer perguntas inteligentes, diretas e profundas que provocam reflexão, existe uma série de ferramentas úteis para a evolução do coachee.

A seguir, apresento algumas delas.

Levanta o moral

Uma ferramenta poderosa que gosto muito de aplicar — e que qualquer pessoa pode utilizar — é a chamada "Levanta o Moral". Seu propósito é simples, mas impactante: estimular a autoestima do atleta, ajudando-o a reconhecer seu próprio potencial e visualizar até onde pode chegar.

Funciona por meio de perguntas estratégicas que promovem reflexões e fortalecem a confiança.

Que tal experimentar? Aqui estão algumas perguntas que podem ajudar a levantar o moral:

Qual foi o momento mais vitorioso da sua carreira?
....
....
....
....

Me conte como você se sentiu.
....
....
....
....
....

Se você pudesse voltar no tempo e escolher três momentos em que se sentiu forte e poderoso, quais seriam? Fale sobre eles.

....
....
....
....
....
....

Se você encontrasse um amigo que não vê há muito tempo e ele pedisse para contar uma história de superação, o que você diria?

....
....
....
....
....
....

Essas perguntas, quando respondidas, elevam a confiança dos atletas, funcionando muito bem em momentos de dúvida, após derrotas importantes ou no começo de uma preparação.

Experimente com você mesmo, sabendo que as respostas ativarão memórias altamente positivas, trazendo lembranças fortalecedoras.

Com a sequência de perguntas e o passar dos minutos, o cérebro do atleta estará imerso em uma química positiva, focado em energias e memórias contagiantes.

Agora, responda você às perguntas acima e depois analise como você se sente. Vale muito o exercício.

Roda da Vida

A Roda da Vida é uma ferramenta que identifica o momento atual do atleta, criando um "mapa" dos aspectos equilibrados e descompensados.

Fazendo perguntas profundas relacionadas à cada parte da roda, podemos saber o que está correto e o que precisa ser corrigido no dia a dia do atleta. Dessa forma, a imagem gráfica fica gravada na mente dele, facilitando a visualização.

Essa ferramenta se baseia em perguntas que identificam o estado atual do atleta e promovem uma reflexão sobre suas atitudes. O coachee preenche os espaços de zero a dez, lembrando que dez é o máximo e zero o mínimo.

Abaixo estão sugestões de perguntas que podem ajudar o coachee a entender melhor esta ferramenta. São apenas três sugestões para cada tema, mas a quantidade de perguntas pode aumentar ou diminuir, dependendo do grau de entendimento do coachee.

Saúde
• O que significa saúde para você?
• Você se considera extremamente saudável? Pode melhorar?
• No último ano, que tipo de energia você teve quando acordou todas as manhãs e foi para o trabalho?

Desenvolvimento intelectual
• Como você aprende mais facilmente? Onde você tem mais dificuldade? Sabe dizer por quê?
• O que é intelectualidade para você?
• Qual seu grau de satisfação com sua intelectualidade?

Equilíbrio emocional

• Você considera que tem um bom domínio sobre si mesmo?
• Na maior parte do tempo, você se considera uma pessoa mais estável ou menos estável?
• Em quais situações de sua vida, você se sente muito equilibrado e em paz consigo mesmo?

Propósito e realização

• O que significa realização para você?
• Quanto do seu propósito de vida pessoal e profissional está em congruência com a maneira que você vive atualmente?
• Você se sente realizado dentro de sua casa e família? Tem alguma coisa que pode melhorar?
• Você se sente realizado profissionalmente?
• Quais os aspectos que você mais admira em sua vida profissional?

Recursos financeiros

• Qual é o significado de dinheiro para você? O que significa ser rico?
• O que você faz de melhor com seu dinheiro? E o que faz de pior? Onde poderia melhorar?
• Você tem reservas para imprevistos? Por quanto tempo você sobreviveria se tivesse que parar de trabalhar por algum motivo inesperado?

Responsabilidade social

• Qual é o significado de contribuir e apoiar a sociedade em sua vida?
• Qual seu maior feito em toda a sua história de vida sobre responsabilidade social?

- Quanto seu trabalho interfere na vida social das outras pessoas?
- Quanto o que você faz impacta positivamente os outros?

Relacionamentos/família
- O que é família para você?
- Quais são as três memórias mais positivas que você tem de sua família ao longo de toda a sua vida?
- Qual é a sua relação com sua família? Pode melhorar?

Relacionamento amoroso
- Qual a importância do relacionamento amoroso na sua vida? Isso faz sentido para você?
- Se você pudesse voltar no tempo e reviver algum dia especial de amorosidade íntima, para que dia você voltaria? Por quê?
- Você se sente confortável para se aprofundar nesse assunto ou prefere não falar sobre isso?

Vida social
- Qual o significado de social para você?
- Compartilhe um pouco mais sobre a vida em sociedade que você vive no tempo presente.
- Seus amigos são em sua maioria mais antigos ou recentes?

Criatividade: hobbies e diversão
- Você se considera uma pessoa criativa? Compartilhe sua percepção de criatividade.
- Quais são seus hobbies prediletos? Tem algum que você traz de sua infância?
- Qual é a sua maior diversão?
- O que verdadeiramente te encanta e fascina?

Plenitude e felicidade
- O que você entende sobre plenitude e felicidade?
- O que te deixa feliz? Explique.

• Você tem sua missão de vida pessoal alinhada com a profissional? Isso te dá plenitude e felicidade?

Espiritualidade
• Qual é a sua percepção sobre espiritualidade? Isto é, o que é espiritualidade para você?
• O que você faz para evoluir o seu lado espiritual?
• O que significa a fé em sua vida? Você se considera uma pessoa de fé?

Ela serve não só para atletas e treinadores, mas também para qualquer pessoa que deseja identificar o cenário atual de sua vida.

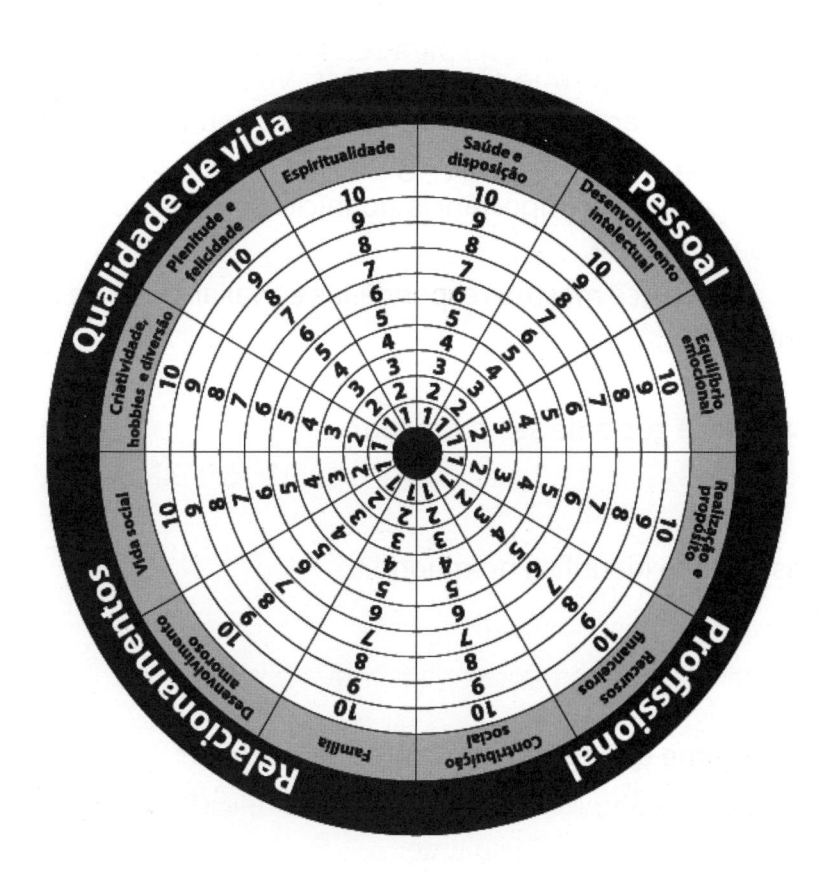

Autofeedback

A ferramenta da autoavaliação, ou autofeedback, é um exercício em que o atleta mergulha profundamente em suas crenças, valores, objetivos e legado.

É uma conversa íntima e reveladora, muitas vezes surpreendente, que possibilita ao coachee aprender mais sobre si mesmo e fortalecer sua autoconfiança.

A autoavaliação é muito simples. São perguntas poderosas que são feitas para que o coachee mergulhe fundo em seus pensamentos e desenvolva uma nova visão sobre sua vida. A ideia é fazê-lo identificar sua conduta e suas verdades, confirmando se está no caminho certo.

Abaixo estão algumas perguntas que servirão como base para o exercício.

Vale lembrar que são sugestões. Você pode acrescentar outras de acordo com a demanda do seu atleta. É uma ferramenta que pode levar algum tempo para ser concluída, mas é de vital importância no início do relacionamento com seu coachee.

Tente você mesmo respondê-las e avaliar como se sente no final.

Como você gosta de ser chamado?
....

Frase que te identifica no mundo?
....
....

Livro e filme que foram marcantes na sua vida?
....
....

Crenças fortalecedoras.
....
....
....

Crenças limitantes?
....
....

O que as pessoas pensam e sentem ao me ver pela primeira vez?
....
....

Como eu gostaria de ser visto?
....
....

O que te faz acordar todos os dias de manhã?
....
....

Qual é o grande norteador da sua vida?
....
....

O que significa receber um feedback para você?
....
....

Que nota você dá para sua capacidade de expressar sentimentos e percepções aos outros, numa escala de zero a dez?
....

E para sua capacidade de dar feedback?
....

O que você veio buscar aqui (no processo de coaching)?
....
....
....

O que significa para você a expressão "Faça sua vida valer a pena enquanto é tempo"?
....
....
....

Como seria seu velório se você morresse hoje e o sepultamento fosse amanhã de manhã?
....
....
....

Quais seriam as seis pessoas que segurariam as alças do seu caixão?
....
....
....

Quais seriam os últimos pensamentos das pessoas presentes no seu velório sobre você?
....
....
....
....

Quantas pessoas estariam no seu velório?
....
....

Quais as três últimas pessoas que ficariam até o final do velório?
....
....

Por que você merece entrar no paraíso?
....
....
....

Quem estaria te esperando do outro lado?
....
....

Alguém morreria no seu lugar?
....
....

Quem foram as pessoas que mais te amaram? Tem algum amor que te fez falta?
....
....
....

Suas memórias de infância são de uma criança amada, muito amada ou que não foi amada?
....
....

Quais mentiras você contou para você mesmo durante sua vida?
....
....

Quais mentiras você continua contando até hoje?
....
....
....

Quais mentiras você gostaria de não ter contado?
....
....
....

Se você pudesse voltar no tempo, qual mentira você jamais teria contado?
....
....
....

Você se considera uma pessoa de grande, médio ou baixo potencial?
....
....
....

Você acredita que está usando todo seu potencial no último ano? O que poderia melhorar?
....
....
....

Alguma questão em aberto?
....
....
....

Algum negócio mal resolvido?
....
....

Uma conta para pagar?
....
....

Uma conta para receber?
....
....

Você tem alguém que precisa perdoar ou pedir perdão?
....
....

Se você pudesse deixar uma mensagem para todas as pessoas do mundo, qual seria?
....
....
....

Qual seria a frase que você escreveria no seu túmulo se morresse hoje?
....
....
....

Qual é o discurso que você faria na sua festa de aniversário de oitenta anos?
....
....
....
....
....

Como seria essa festa?
....
....
....
....

Quem você acredita que estaria presente?
....
....
....

Você acha que chegará a essa festa?
....
....
....

Como você será lembrado pelos seus netos e bisnetos depois de sua morte?
....
....
....
....
....
....

Depois desse poderoso processo de reflexão, quais foram seus maiores aprendizados?

....
....
....
....
....

Qual pergunta faltou nesta autoavaliação que você pode fazer agora?

....
....
....

Efetivamente e na prática, quais serão suas ações nos próximos três dias?

....
....
....
....
....
....

Sabendo que os resultados são consequências das nossas ações, o que você acredita que precisa fazer hoje para alinhar seus pensamentos, crenças, valores e deixar o legado que deseja?

....
....
....
....
....

Identificando objetivos

Identificar nossos objetivos e traçar um plano com metas para alcançá-los é fundamental na busca por minimizar erros e obter sucesso.

Há várias formas de traçar esse caminho e planejar aonde queremos chegar; algum plano mais simples, ou um mais detalhado, com muitos pormenores, informações, embasamentos e estudos.

Treinadores e atletas precisam de dinamismo. Somos colocados à prova diariamente e, às vezes, até diariamente, por isso necessitamos estar em constante ajuste.

A carreira de treinador é incerta, cheia de altos e baixos, momentos bons e ruins. Se não estivermos preparados para enfrentar as dificuldades da profissão, diminuímos consideravelmente nossas chances de sucesso profissional. Estar alinhado com nossos objetivos e seguir o caminho traçado é fundamental para não nos desviarmos do nosso plano. Uma ferramenta que gosto de utilizar é a SWOT pessoal, que você vai conhecer a seguir.

SWOT Pessoal

Quando falamos sobre montar um novo negócio, empreender ou criar uma nova empresa, os especialistas nos sugerem fazer um plano de negócios, o famoso *Business plan*.

Um plano de negócios é formado por uma série de estudos, informações, pesquisas, tendências, cenários e muitos outros fatores que interferem diretamente no novo negócio.

Na nossa vida pessoal e profissional, a realidade é a mesma. Precisamos fazer um plano de negócios. Uma das ferramentas que uso e acredito ser muito útil é a do SWOT pessoal.

SWOT é uma abreviação em inglês das palavras *strengths* (forças), *weaknesses* (fraquezas), *opportunities* (oportunidades) e *threats* (ameaças).

![SWOT Pessoal: Forças, Fraquezas, Oportunidades, Ameaças]

Fazendo esse "mapa" da nossa situação e cenário atual, conseguimos identificar claramente onde somos fortes, onde devemos investir, o que sabemos que vai dar certo, o que pode dar errado, nossos concorrentes, dificuldades legislativas, ajudas do governo, bancos, quem estará nos ajudando, quem vai atrapalhar e uma série de fatores que, ao serem colocados em seus devidos lugares dentro do nosso gráfico, nos dão uma visão mais clara de por onde andar.

Ao preencher os quadrantes do SWOT, quanto mais informações tivermos, melhor. Teremos mais facilidade em montar esse raio-x.

Quais são seus pontos fortes?	Quais são seus pontos de melhoria?
Crenças Fortalecedoras	**Crenças Limitadoras**
Oportunidades	**Dificuldades/Limitadores**

Não existe um número ideal de tópicos para cada componente, mas se tivermos muito mais forças do que fraquezas, isso indica uma maior probabilidade de sucesso. Se identificarmos muito mais oportunidades do que ameaças, isso mostra que o caminho está correto e devemos prosseguir. Porém, se o contrário acontecer, devemos rever se realmente vale a pena.

Imagine que constatamos ter dez ameaças e apenas uma oportunidade; se temos quinze pontos fracos e apenas cinco pontos fortes, isso indica que alguma atitude deve ser tomada, seja mudança de objetivos, maior estudo de mercado, aprofundamento nas tendências atuais, entre outros fatores que devem ser reavaliados.

Plano de ação

Uma ferramenta que gosto de utilizar também é a 5W2H. Apesar do nome diferente, que pode parecer complicado e assustar num primeiro momento, é uma das mais completas maneiras de colocar suas ideias em prática, é agir e fazer acontecer.

A sigla 5W2H vem do inglês:
WHAT — O que será feito?
WHO — Quem fará?
WHEN — Quando será feito?
WHERE — Onde será?
WHY — Por que será feito?
HOW — Como será feito?
HOW MUCH — Quanto vai custar?

WHAT — O que será feito?

Defina o que será feito, a ideia, o motivo principal, o objetivo e as ações que vamos realizar para alcançar o objetivo. Seja detalhista; quanto mais informações, mais segurança você terá e mais possibilidades de controle e mensuração. Busque os detalhes; pequenas sutilezas podem fazer o projeto decolar ou não. Tudo é importante neste momento.

WHO — Quem fará?

Defina todas as pessoas envolvidas: líderes, colaboradores, responsáveis, os mais próximos e os mais afastados. Descreva quem vai gerenciar, executar, ser responsável financeiro, jurídico, contábil, encarregado de vendas, e quanto esses profissionais vão receber. Defina o tempo de trabalho diário e semanal, se vão assinar contratos curtos ou longos. Descreva todas as pessoas e suas funções.

WHEN — Quando será feito?

Estabeleça um cronograma com datas específicas: quando começar, quando acabar, a primeira fase, a segunda, a mudança de metas. Controle e seja rígido com os prazos estabelecidos, faça medições e cobranças para não atrasar nem adiantar os assuntos combinados.

WHERE — Onde será?

Especifique o local onde o plano será executado. Descreva geograficamente: o endereço, cidade, estado, bairro, tamanho, tipo de imóvel (casa, apartamento, campo de futebol, quadra, prédio, parque), se é longe ou perto de sua casa, se haverá necessidade de mudar de imóvel, quanto tempo vai demorar para chegar e voltar, se será imóvel próprio ou alugado, se será no clube ou fora. Situar precisamente onde você vai executar seu plano de ação.

WHY — Por que será feito?

Descreva detalhadamente o que cada ação vai trazer de benefícios, os resultados de cada ação, o que devemos plantar para depois colher, o impacto na sua vida, no meio ambiente e na vida das pessoas envolvidas. Explique o motivo de fazer isso, por que vale a pena dedicar seu tempo, recursos e inteligência. Descreva o que te motiva a acordar pela manhã e encarar esse desafio, qual o sentido de tudo isso e como isso pode melhorar o mundo e sua vida.

HOW — Como será feito?

Detalhe todos os passos a serem realizados: estratégias utilizadas, logística, infraestrutura. Seja organizado e disciplinado, tenha as ações sob controle e saiba exatamente todos os recursos que serão utilizados e como.

HOW MUCH — Quanto vai custar?

Faça contas, confira orçamentos, entradas e saídas, preços, cotações, formas de pagamento, prazos, equilíbrio entre receita e gastos, contas extras, impostos, alíquotas, câmbio, deduções, custo fixo, custo variável, projeção de recebimento, gastos com moradia, alimentação, transporte, vestuário, gasolina e demais despesas e remunerações.

Com essas ferramentas, você terá um plano de ação detalhado e poderá seguir de maneira mais organizada e consciente rumo aos seus objetivos.

> **SOU CAPAZ DE FAZER COISAS QUE MUITAS PESSOAS NÃO ACREDITAM.**
>
> — *GUSTAVO KUERTEN*

CAPÍTULO ONZE

AS QUALIDADES FÍSICAS, TÉCNICAS E TÁTICAS SÃO SUFICIENTES PARA O SUCESSO NO ESPORTE?

> "EU NÃO SOU O MELHOR, NÃO, MAS SOU CAPAZ DE FAZER COISAS QUE MUITAS PESSOAS NÃO ACREDITAM."
> — *GUGA, TENISTA BRASILEIRO*

Ao analisarmos o esporte de alto rendimento nas últimas décadas, percebemos que os aspectos técnicos, táticos e físicos evoluíram significativamente. Equipes e treinadores estão muito mais estruturados do que as gerações anteriores.

Hoje, temos profissionais de ponta atuando em medicina esportiva, fisiologia, fisioterapia, análise de movimentos, nutrição e *scouting*.

Com a ajuda da tecnologia, esses especialistas têm realizado verdadeiros milagres. No entanto, essa evolução fez com que atletas e equipes se tornassem mais previsíveis, passíveis de estudos e monitoramento, criando assim um nivelamento acentuado. Os métodos de treinamento são parecidos e os jogos e atitudes dos atletas são filmados e analisados minuciosamente por muitos especialistas.

Essa realidade faz com que a diferença entre vitória e derrota seja cada vez menor.

O SUCESSO OU O FRACASSO ESTÁ CADA VEZ MAIS BASEADO EM DETALHES.

Assim, os aspectos mentais, emocionais e comportamentais se tornaram os verdadeiros diferenciais.

Um atleta ou equipe mentalmente forte tem suas chances de sucesso multiplicadas. O equilíbrio entre os aspectos físicos, técnicos e táticos se desfaz quando encontramos grupos mentalmente preparados para superar desafios, tomar decisões acertadas em momentos críticos e lidar com o estresse.

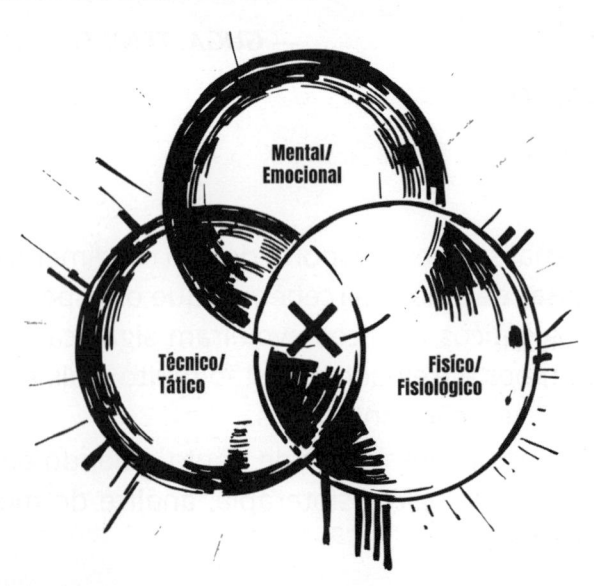

Muitos dos nossos dirigentes e treinadores ainda não perceberam a importância crucial da parte mental nos treinamentos e jogos. As relações pessoais, a forma como as equipes são gerenciadas, os tipos de liderança, os comportamentos e a linguagem utilizada podem ser mais determinantes do que a contratação de estrelas.

A parte mental não pode ser negligenciada.

Quantas vezes ouvimos que um time é bom "no papel", mas "não deu liga"? Isso ocorre porque os aspectos emocionais e comportamentais dos atletas não foram devidamente considerados.

> **TALENTO, FORÇA FÍSICA E ESTUDO DOS ADVERSÁRIOS NÃO SÃO SUFICIENTES PARA GANHAR CAMPEONATOS E FAZER HISTÓRIA. ELES PODEM RESOLVER UMA OU OUTRA PARTIDA, MAS NÃO GARANTEM O SUCESSO. NOSSOS ATLETAS DEVEM ESTAR PREPARADOS MENTALMENTE PARA EXECUTAR O QUE FOI TREINADO E COMBINADO.**
>
> **A VIDA DOS ATLETAS VAI ALÉM DOS TREINAMENTOS E COMPETIÇÕES.**

Nós somos pessoas que enfrentam o medo, a ansiedade, o estresse, as pressões, as inseguranças, as dúvidas, os erros e as vitórias. Se não soubermos lidar com esse turbilhão de emoções, não alcançaremos nossos objetivos.

Estudos mostram que um ser humano comum utiliza apenas 10% da capacidade cerebral. Isso significa que temos 90% a ser explorado e treinado. Imagine a diferença que um acréscimo de apenas 1% na capacidade mental pode fazer na performance de um atleta de alto rendimento.

CAPÍTULO DOZE

PSICOLOGIA DO ESPORTE

"NINGUÉM TE DÁ NADA DE PRESENTE SE VOCÊ NÃO FOR DISCIPLINADO, SE NÃO CORRER ATRÁS PARA SER MELHOR A CADA DIA. PORQUE AS PESSOAS QUEREM SEMPRE SE INSPIRAR NAS OUTRAS, MAS ESQUECEM QUE A LUTA MAIOR É CONTRA VOCÊ MESMO. VOCÊ TEM QUE SE SUPERAR A CADA DIA PARA SER COMPETITIVO NO MERCADO. OLHE PARA SI MESMO E TENTE SER MELHOR DO QUE VOCÊ FOI ONTEM."
— *RONALDO FENÔMENO*

A psicologia é uma ciência ampla e evolutiva com mais de um século de história.

Dentre suas vertentes, a psicologia esportiva surgiu por volta de 1895 com o psicólogo e ciclista

Norman Triplett, que observou que ciclistas pedalavam mais rápido em grupo.

A psicologia esportiva, com aproximadamente quarenta anos de estudos e experimentos, pode ser dividida em quatro grandes blocos: atividade física e lazer, educação escolar, alto rendimento e reabilitação.

Focaremos agora na psicologia aplicada aos esportes de alto rendimento e na reabilitação desses atletas.

Essa área estuda os fenômenos antes, durante e depois das atividades esportivas, visando melhorar a performance, controlar a ansiedade e lidar com o estresse, as pressões externas, os duelos internos e as dúvidas. Busca-se o equilíbrio entre corpo, mente e espírito em prol do sucesso e das vitórias.

> **O CORPO E A MENTE SE COMPLETAM, DEVENDO ESTAR EM PERFEITA SINTONIA.**

No futebol, a presença do psicólogo sempre gerou desconfiança, muitas vezes vista como sinal de problema. Casos como o da Copa de 1958, envolvendo Garrincha e o psicólogo da Seleção Brasileira, Dr. João Carvalhaes, ilustram essa desconfiança. Embora Carvalhaes tivesse pouca experiência com futebol, suas avaliações mostraram que talentos brutos como Pelé e Garrincha poderiam superar expectativas, desafiando a visão limitada dos dirigentes da época.

A falta de habilidade dos cartolas e psicólogos em se aproximar dos jogadores e manter uma relação saudável criou barreiras que atrasaram o Brasil em relação aos países europeus na utilização da psicologia no esporte.

A ideia de que apenas jogadores problemáticos precisam de acompanhamento psicológico prevaleceu por muito tempo.

Isso está mudando, e a presença do coaching esportivo, trabalhando em sintonia com psicólogos, está convencendo jogadores e treinadores da importância da parte mental.

Ajudar os atletas a entenderem que seus pensamentos interferem no desempenho, que emoções, ações e comportamentos influenciam o sucesso e que o equilíbrio emocional e o autoconhecimento são fundamentais para uma melhor performance dentro e fora de campo é um desafio que está sendo superado.

Cada vez mais, vemos treinadores e jogadores participando do processo de coaching.

Os processos de coaching são, na maioria das vezes, individuais, mas trabalhos em grupo também têm sido bem-sucedidos.

É preciso mostrar aos atletas que há diferentes formas e caminhos e que a busca por controlar os pensamentos e educá-los, visualizar momentos de sucesso, ter objetivos claros, acreditar em valores e crenças, respeitar a história e entender que equipes que trabalham em harmonia são praticamente invencíveis é essencial.

A psicologia e o coaching esportivo também são fundamentais na recuperação de lesões.

Lesões são os capítulos mais tristes na carreira dos atletas, causando dores, interrupções na temporada, estresse e dúvidas.

O trabalho integrado entre comissão técnica e o coach esportivo pode prevenir muitas lesões, que muitas vezes começam nos pensamentos antes de se manifestarem fisicamente. Fatores psicológicos como ansiedade, estresse, depressão e baixa autoestima são o início de lesões graves.

Na recuperação, o papel do coach esportivo e do treinador é crucial para a reintegração do jogador. A confiança nos médicos, fisioterapeutas e preparadores físicos é essencial. Garantir ao atleta que ele terá a oportunidade de voltar ao time, que continuará sendo uma peça importante no grupo e que a lesão é apenas um obstáculo passageiro a ser superado são conceitos que devem ser passados pelo treinador.

> **A RELAÇÃO DE CONFIANÇA DEVE SER FORTALECIDA, NÃO ABALADA.**

Aponte a câmera do seu celular para assistir a um depoimento do Ronaldo Fenômeno que exemplifica o assunto.

CAPÍTULO TREZE

O PODER DA RESPIRAÇÃO

> "MUITOS ATLETAS APRENDERAM A USAR A RESPIRAÇÃO A SEU FAVOR NOS MOMENTOS QUE ANTECEDEM AS COMPETIÇÕES. O MOMENTO ANTES DE ENTRAR EM CAMPO, NA QUADRA, NO TATAME, NA PISCINA, NA PISTA É FUNDAMENTAL PARA O DESEMPENHO DURANTE A DISPUTA; COMEÇAR BEM E COM CONFIANÇA É UMA DAS CHAVES PARA SE ATINGIR O AUGE DA PERFORMANCE."
> — *HORTÊNCIA*

Respirar é um dos atos mais primitivos e essenciais para a nossa existência. Controlar a respiração é uma ferramenta poderosa que nos ajuda a manter o foco, controlar a ansiedade, priorizar o que realmente importa, tranquilizar a mente, eliminar medos, frustrações, inseguranças e nos tornar mais confiantes.

> **FOCAR NA RESPIRAÇÃO, NOS MOVIMENTOS DE INSPIRAÇÃO E EXPIRAÇÃO, É UM EXERCÍCIO DE EQUILÍBRIO E CONCENTRAÇÃO QUE RELAXA NOSSOS MÚSCULOS E MENTE.**

Respirar tranquilamente permite que nossa mente alcance um estado de equilíbrio, vibrando em frequências mais limpas e positivas, o que nos possibilita alcançar o mais alto grau de performance em todas as atividades que realizamos.

Um exemplo claro e real do poder da respiração e concentração é o da nossa Rainha do Basquete, Hortência.

Quando ela arremessava lances livres, o gesto de pegar a bola entre as mãos, batê-la no chão, segurá-la na altura do peito e inspirar e expirar duas ou três vezes antes de fazer o lançamento é uma imagem que todos temos na memória.

Esse gesto mecânico, combinado com a respiração, fazia com que ela estivesse 100% concentrada e confiante para fazer a cesta, independentemente da torcida, pressão adversária, momento do jogo, gritos ou vaias.

CAPÍTULO CATORZE

HIPNOSE, MEDITAÇÃO E TRANSE

> "TUDO QUE A MENTE PODE CONCEBER
> E CRIAR, PODEMOS CONSEGUIR."
> — *NAPOLEON HILL*

Quando falamos sobre hipnose e transe, é impossível não mencionar Milton Erickson. Ele é uma das figuras mais importantes nos estudos e teorias sobre hipnotismo, ciência, mistérios e superstições. Milton Erickson criou a teoria da Hipnose Ericksoniana por volta dos anos 1950, com um dos seus pilares sendo a reprogramação mental por meio de metáforas e sugestões para alterar os padrões comportamentais dos indivíduos.

Gregos e romanos, há mais de três mil anos, já utilizavam essas técnicas em seus pacientes. Tratavam as pessoas enquanto dormiam ou eram induzidas a um estado de profundo relaxamento, muito semelhante às técnicas atuais de PNL, hipnose e transe.

Naquela época, a medicina e a ciência estavam fortemente ligadas à religião e à mitologia, muitas vezes se confundindo e se completando, com revelações, previsões e profecias.

Os descendentes dessas culturas ainda hoje praticam esses exercícios por meio da ioga, meditação e outras técnicas para atingir o equilíbrio entre corpo, alma e espírito, especialmente nos países do Oriente, buscando acesso ao subconsciente e a lugares ocultos dentro da mente.

Milton Erickson defendia que a mente humana é dividida em inconsciente e consciente e que somos seres duais. O lado esquerdo do cérebro é o consciente, onde residem a lógica, julgamento, racionalidade e realidade. Já o lado direito é o inconsciente, nossa parte criativa, onde os limites não existem e tudo é possível.

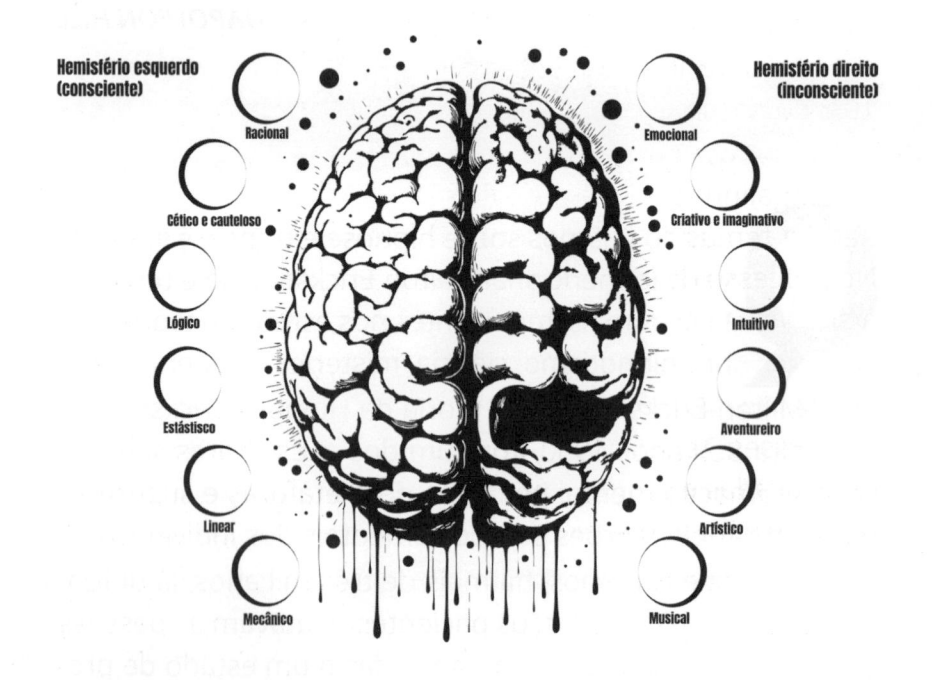

Hemisfério esquerdo (consciente)	Hemisfério direito (inconsciente)
Racional	Emocional
Cético e cauteloso	Criativo e imaginativo
Lógico	Intuitivo
Estátistico	Aventureiro
Linear	Artístico
Mecânico	Musical

Segundo Erickson, a hipnose é uma maneira de distrair a mente consciente e permitir que a mente inconsciente flua, abrindo novas possibilidades de buscar soluções e comportamentos sem o julgamento da mente consciente.

Isso nos liberta de preconceitos, crenças limitantes e frustrações, permitindo reprogramar a mente, base da programação neurolinguística, ou PNL, um dos temas mais atuais, intrigantes e desafiadores dos nossos dias, surgido na década de 1970 e frequentemente associado à hipnose.

> **HIPNOSE É, EM ESSÊNCIA, CONCENTRAÇÃO E FOCO. ESTAR RELAXADO, COM OS OLHOS FECHADOS E A MENTE CALMA, AJUDA A ATIVAR PARTES DO CÉREBRO RARAMENTE ACIONADAS.**

Por meio de sugestões, podemos levar nossos pensamentos para todos os lugares que desejamos, passando do estado consciente para o inconsciente.

Lembrando que, segundo estudos, utilizamos apenas 10% do nosso potencial cerebral consciente.

Hipnose não é seguir instruções para comer cebola ou imitar galinhas sob um relógio balançando. Não está relacionada a temas religiosos, bruxaria, espíritos ou superstição. No processo de hipnose, o atleta não é controlado ou levado a situações de ridicularização. Ele não fará nada contra sua vontade, não corre o risco de "ir e não voltar" ou ficar preso em algum lugar e não revelará todos os seus segredos.

Esses temores foram construídos por informações equivocadas e programas de TV que exploravam técnicas de hipnose para audiência, perpetuando uma imagem errônea.

A hipnose vai muito além disso...

> **A EXCELÊNCIA FÍSICA VEM DA EXCELÊNCIA MENTAL.**
>
> — *CLARA HUGHES*

CAPÍTULO QUINZE

TREINAMENTO MENTAL

> "A EXCELÊNCIA FÍSICA VEM
> DA EXCELÊNCIA MENTAL."
> — *CLARA HUGHES, PATINADORA*

Quando nos preparamos para uma competição ou partida importante, é fundamental reunir o máximo de informações. Saber o que podemos enfrentar nos dá tranquilidade e autoconfiança para superar os desafios.

Imaginar e simular as situações da competição são formas de treinamento com resultados surpreendentes.

Só o fato de imaginar as dificuldades e como superá-las já nos coloca à frente. Ter uma atitude positiva diante dos desafios é meio caminho andado rumo à vitória.

Simular as condições da competição é uma ferramenta importante para combater a ansiedade e o estresse. Conhecer o ambiente, as qualidades e defeitos do adversário, o clima, o estado do campo de jogo, a torcida e a imprensa são auxiliares inestimáveis para o atleta.

Todos os atletas têm uma rotina antes, durante e após as partidas. Seguir essas rotinas é um gatilho de confiança e afirmação.

LEMBRAR DE SUCESSOS, CONQUISTAS E VITÓRIAS SÃO INJEÇÕES DE CONFIANÇA.

Quem não quer estar confiante e seguro antes dos jogos? Lembrar de palavras, imagens, músicas e elogios oferece energia extra nos momentos de dificuldade. Palavras e gestos combinados podem ser usados durante as disputas, intervalos e pedidos de tempo.

Ter clareza sobre a tática, estratégia, metas, objetivos, pontos fortes e fracos do adversário e os nossos é crucial para uma melhor performance. Projetar adversidades, situações de vantagem, proximidade da vitória ou derrota, comportamentos e reações diante de árbitros e adversários é se preparar para tudo o que pode acontecer.

Preparar nossa mente, comportamento e atitudes é uma mensagem crucial da nossa mente e para o nosso corpo. Transmite que estamos prontos para as dificuldades e que contamos com nosso corpo sendo comandado pela nossa mente para realizar as tarefas.

A preparação sempre foi uma prioridade na minha carreira como atleta. Cultivava o hábito de me manter bem informado antes de uma partida, procurando tomar conhecimento sobre o local do jogo, os adversários, a arbitragem, a torcida, as condições do campo e até mesmo a geografia e o clima.

Isso porque, para mim, era preciso estar consciente se seria um dia quente ou frio, se eu estava jogando em um campo localizado em uma altitude alta ou baixa, se o árbitro possuía o hábito de fazer muitas interrupções durante o jogo, se meus oponentes eram mais velozes ou mais fortes, entre outros pontos relevantes. Estar alerta para essas questões me possibilitava antecipar a partida em minha mente.

> **EU PROCURAVA SIMULAR SITUAÇÕES QUE PODERIAM ACONTECER DURANTE O JOGO E ENTREVER SOLUÇÕES, ASSIM, CASO OCORRESSEM, EU JÁ SABERIA COMO PROCEDER.**

Na minha trajetória, bati muitos pênaltis, então era constante que eu me preparasse inclusive para as cobranças. Com o clube adversário em mente, visualizava o goleiro deles diante de mim e mentalizava como poderia agir nesse caso. Percebia a torcida, o som, a distância que tomaria antes de chutar, o apito do árbitro, até a cor da camisa que o goleiro adversário costumava usar. Assisti a um vídeo em que Ayrton Senna aparece sozinho, sentado numa praia, com os olhos fechados. Naquele momento, ele estava mentalizando uma corrida: como mexeria os pés, como trocaria a marcha, como faria uma curva. Essa cena me marcou profundamente e me ensinou que a preparação deixa o esportista mais confiante e com um poder de decisão maior na hora de enfrentar o real desafio.

> **O QUE PENSAMOS E FALAMOS SOBRE NÓS MESMOS É CRUCIAL.**
>
> — *PAULO JAMELLI*

CAPÍTULO DEZESSEIS

CONSTRUINDO A MELHOR VERSÃO DE SI MESMO

"A ESSÊNCIA DO ESPORTE NÃO ESTÁ NAS MARCAS OU NO PLACAR, MAS NOS ESFORÇOS E HABILIDADES DESPENDIDOS PARA ATINGI-LOS."
— *JIGORO KANO, CRIADOR DO JUDÔ*

Atletas e ex-atletas são seres humanos privilegiados. Enfrentamos desafios, barreiras e obstáculos diários e somos obrigados a superar nossos limites constantemente.

O esporte ensina a trabalhar em grupo, respeitar hierarquias, ter força de vontade, ética, respeito, humildade e valorizar e agradecer quem está ao nosso redor.

Renunciar a momentos de lazer, acordar cedo, dormir pouco, ter dores pelo corpo, treinar muito, priorizar o grupo em detrimento do individual, buscar objetivos e lidar com o sucesso e as frustrações são fatores presentes na vida de todos.

No entanto, para os atletas, tudo isso é ampliado. Emoções são superdimensionadas e equilíbrio emocional e autocontrole são fundamentais para o sucesso.

Sabendo disso, a "gasolina" que colocamos dentro de nós é a chave para uma boa convivência interna. O que pensamos e falamos sobre nós mesmos é crucial.

> **CONSTRUIR E CONTAR NOSSA HISTÓRIA É UM PASSO VITAL PARA ENTENDER O QUE SOMOS E AONDE QUEREMOS CHEGAR.**

A visão que temos de nossa infância, adolescência e passado molda o que somos. Se acreditamos que nossa história é de conquistas, vitórias, atitudes exemplares e condutas éticas, a história que contaremos será de alegria, superação e orgulho. Caso contrário, a história que contaremos não nos deixará contentes.

A boa notícia é que ainda podemos reescrever nossa história e mudar nossa percepção sobre ela.

CAPÍTULO DEZESSETE

A RESPOSTA ESTÁ DENTRO DE CADA UM

> "NÃO DIGA AOS OUTROS O QUE FAZER,
> ENSINE-OS A PENSAR."
> — *DAVID ROCK*

Somos seres únicos, com medos, qualidades, ansiedade, insegurança, alegria, autoestima, competências e incertezas. Tendemos a valorizar o negativo, transformando dificuldades e desafios em problemas.

Pensamentos ruins se tornam fortes e repetitivos, prejudiciais e perigosos. Na maioria das vezes, esses pensamentos nem se tornam realidade, mas a energia que dispensamos é enorme e desgastante.

Quanto mais tentamos nos livrar do sofrimento e dos pensamentos que nos atormentam, mais eles se enraízam. Cabe a nós mudar essa situação.

As respostas estão dentro de nós.

> **A MANEIRA COMO ENCARAMOS OS FATOS, NEGATIVOS OU POSITIVOS, ESTÁ EM NOSSAS MÃOS.**

Temos o poder de direcionar nossos pensamentos e condutas, só precisamos aprender a organizar e acessar corretamente nossa mente.

Sabendo disso, entendemos que nossa felicidade e cura são nossa responsabilidade. Da mesma forma, nossos males e doenças também são.

Direcionando nossa energia corretamente, podemos ter uma vida saudável e plena, deixando para trás condições físicas, mentais e espirituais desfavoráveis.

Existem situações externas fora do nosso controle. Não podemos revertê-las, mas podemos mudar nossa atitude perante elas.

Por exemplo, um dia de chuva: não podemos interrompê-la, mas podemos reprogramar nossos pensamentos e encarar a chuva de maneira positiva. Podemos ver a chuva como uma bênção para a agricultura, que enche os reservatórios, limpa o ar, melhora a umidade e purifica rios e mananciais.

CAPÍTULO DEZOITO

CRENÇAS, VALORES E BLOQUEIOS

> "SER UMA PESSOA BOA, COM VALORES, CRENÇAS E BUSCANDO A CARIDADE, NÃO SIGNIFICA QUE VOCÊ TENHA QUE DEIXAR OS OUTROS PISAREM EM VOCÊ."
> — *PAULO JAMELLI*

Desde pequenos, somos influenciados por vários fatores que moldam nossas crenças e valores: nossos pais, o país de origem, o cenário cultural e social, o momento econômico, a geração, a moda, os costumes e a sociedade. Esses elementos nos direcionam a criar nossas verdades e o que achamos ser certo ou errado no mundo à nossa volta.

Nossas crenças e valores determinam nossos comportamentos, influenciam nossas decisões e orientam a maneira como nos relacionamos com o mundo e com as pessoas. Elas são o nosso norte para levar uma vida conforme acreditamos ser justa e sensata.

Crenças interferem diretamente nas nossas ações e comportamentos, guiando nossas decisões. Elas não são eternas e não servem igualmente para todas as pessoas. Talvez o que é certo para mim seja errado para outro. Diferentemente dos fatos, que são situações claras, provadas cientificamente e incontestáveis, as crenças são mutáveis e pessoais. Adquiridas ao longo do tempo, somadas às nossas experiências e aprendizados, elas definem o que acreditamos ser certo ou errado.

As crenças influenciam nossos resultados profissionais e pessoais. Elas são nossas verdades e, para o nosso cérebro, esses pensamentos são reais.

> **PARA OBTER RESULTADOS EXTRAORDINÁRIOS, PRECISAMOS ACREDITAR QUE PODEMOS ALCANÇÁ-LOS.**

Crenças são criadas de dentro para fora, no nosso inconsciente, e formam a nossa programação mental. Quando não acreditamos que podemos executar uma ação, criamos uma crença limitante, que nos impede de realizar tal tarefa.

Quantas vezes já ouvimos que uma determinada tarefa é impossível ou que somos loucos por tentar?

No entanto, se acreditarmos que podemos, geralmente conseguimos.

A frase "Eles podem porque pensam que podem. E se eles estão convencidos de que podem, eles conseguem" é verdadeira. O contrário também é: se acreditamos que não somos saudáveis, habilidosos com finanças, capazes de ser felizes ou realizados profissionalmente, nossas crenças limitantes nos barrarão e nos farão infelizes.

Podemos ter saúde, enriquecer, conseguir um bom emprego, aprender um novo idioma, ter uma supermemória, ser felizes na vida amorosa, bater recordes, ganhar jogos e campeonatos. Podemos quase tudo se nos convencermos e enviarmos essa mensagem ao nosso cérebro.

> **SOMOS SERES ACUMULADORES DE ENERGIA E VIBRAÇÕES, RECEBENDO O QUE ENVIAMOS E ATRAINDO PESSOAS COM A MESMA VIBRAÇÃO. SE EMITIRMOS ENERGIA POSITIVA E CONSTRUTIVA, RECEBEREMOS O MESMO.**

O processo de coaching tem como objetivo reprogramar nossas crenças, transformando as limitantes em fortalecedoras e inspiradoras. Para termos uma vida plena e de sucesso, precisamos vencer nossas crenças limitantes, que nos bloqueiam e paralisam.

Pensar positivamente, fortalecer o autoconhecimento, focar nas nossas qualidades, valorizar nossa história, investir em novos comportamentos, melhorar a autoconfiança e acreditar no conhecimento são atitudes que nos ajudarão a superar essas crenças e nos preparar para uma nova percepção de mundo e de nós mesmos.

Compreender nossos valores e acreditar que somos capazes é uma das chaves para nossa mudança de atitude, substituindo crenças limitantes por fortalecedoras, trocando maus pensamentos por inspiradores e bons exemplos.

> **BUSCAR O POSITIVO E O LADO BOM DAS COISAS MUDA NOSSA MANEIRA DE ENCARAR A VIDA, ATRAINDO PESSOAS E ENERGIAS CONSTRUTIVAS E INSPIRADORAS.**

Construímos nossa jornada por meio de fatos, vitórias e conquistas, entretanto, as crenças limitantes ou fortalecedoras, conscientes ou inconscientes, podem alterar drasticamente o desfecho dessa caminhada.

Por isso, é fundamental identificar as origens e influências de nossas crenças limitantes e ter claros quais fatores internos e externos nos sabotam.

Resistência é lutar contra algo, gastar energia desnecessariamente. Parar de resistir é uma atitude inteligente. Aceitar que algumas coisas estão fora do nosso controle e focar no que podemos mudar são a chave para uma vida equilibrada e preparada para o sucesso.

Focar no que queremos, e não no que não queremos, é uma injeção de ânimo e confiança, atraindo coisas boas e energias positivas. Usar nosso lado luz e aceitar o nosso lado sombra nos tornam mais fortes e atentos.

Admitir que não somos perfeitos e que podemos errar é um passo importante para lidar com nossos medos e crenças limitantes. Entender que somos vulneráveis e que isso é normal nos torna mais sábios e autoconfiantes. Nos dar o direito de errar e reconhecer nossas limitações é um entendimento inteligente que nos permite estar cada vez mais perto do sucesso.

Seguir nossos valores e acreditar neles para seguir em frente, libertar-se da necessidade de agradar os outros e entender que ser vulnerável não é ser fraco são passos importantes para nos conhecermos melhor, descobrir nossos limites e acreditar que é possível alcançar nossos objetivos.

> "SOMENTE QUANDO TEMOS CORAGEM SUFICIENTE PARA EXPLORAR A NOSSA ESCURIDÃO, DESCOBRIMOS O PODER INFINITO DE NOSSA PRÓPRIA LUZ."
>
> — BRENÉ BROWN

Nos tornamos mais fortes quando, ao invés de esconder nossos medos e crenças, deixamos expostas essas dificuldades, "abraçando o problema" e buscando soluções e saídas para superar os obstáculos.

Aceitar que dói menos é uma forma de nos solidarizarmos com a situação e fazer esforços para encontrar soluções.

> **ESTAR EM HARMONIA E LEVAR UMA VIDA EQUILIBRADA SÃO UMA DAS CHAVES PARA O SUCESSO.**
>
> — PAULO JAMELLI

CAPÍTULO DEZENOVE

CORPO, MENTE E ESPÍRITO

> "APRENDI DESDE MENINO QUE TUDO NA VIDA A GENTE CONSEGUE COM LUTA E DIGNIDADE: CORRER COM AS PERNAS, AGUENTAR COM O CORAÇÃO, VENCER COM A CABEÇA."
> — *VANDERLEI CORDEIRO DE LIMA, CORREDOR BRASILEIRO*

Estar conectado com o universo e nosso ambiente é um dos objetivos do ser humano desde tempos remotos. O equilíbrio com a natureza e as forças celestes nos torna parte de um sistema maior do qual todos fazemos parte.

Quando nosso corpo, mente e espírito não estão equilibrados e trabalhando de forma harmoniosa, podem surgir doenças físicas, palpáveis, que a princípio acreditamos ser por razões fisiológicas, mas que realmente acontecem por motivos fora do nosso corpo.

As doenças surgem do desequilíbrio e podem ser de ordem mental, espiritual e física.

Estar em harmonia e levar uma vida equilibrada são uma das chaves para o sucesso.

Cuidar da nossa saúde física é uma obrigação. Sabemos que o que bebemos e comemos afeta diretamente nossa saúde e que, dependendo de como nos alimentamos, estaremos ajudando ou atrapalhando o funcionamento dos nossos órgãos. Somos responsáveis pelo grau de intoxicação e de agressão ao nosso corpo; isso é claro e todos nós estamos cansados de ouvir.

No entanto, nossos pensamentos, ações e sentimentos acumulados ao longo dos anos também são parte importante na luta para estar saudáveis e afetam diretamente nosso corpo.

Nosso corpo está preparado para quase tudo, consegue se adaptar e se reinventar, apesar de todas as agressões que fazemos contra ele. Mas é na nossa mente e no nosso espírito que estão os maiores desafios para nossa evolução e sucesso. É com nossos pensamentos e com nossa cabeça que devemos nos preocupar, pois somos responsáveis por tudo que acontece conosco.

Várias teorias e práticas confirmam a ideia de que, se estivermos equilibrados e funcionando harmoniosamente, nosso rendimento esportivo será maior e estaremos mais próximos da máxima performance.

> **A ATENÇÃO, CONCENTRAÇÃO, MOTIVAÇÃO, EXCITAÇÃO, FOCO, ESTRESSE E DEMAIS FATORES COMPORTAMENTAIS SÓ ESTARÃO 100% SE NOSSA MENTE, CORPO E ESPÍRITO ESTIVEREM ALINHADOS.**

CAPÍTULO VINTE

LEIS UNIVERSAIS

> "O HOMEM QUE FAZ MAIS DO QUE AQUILO QUE FOI COMBINADO LHE PAGAREM, LOGO SERÁ PAGO POR MAIS DO QUE FAZ."
> — *NAPOLEON HILL*

Leis universais são princípios ou regras que regem a vida e a existência em um nível fundamental e abrangente.

Essas leis são consideradas imutáveis e aplicáveis a todos, independentemente de contexto, cultura ou situação.

Elas descrevem como o universo funciona e como as energias e as ações humanas interagem com ele.

Aqui estão algumas leis universais com as quais acho que podemos aprender bastante:

Lei do carma

- Causa e efeito: Você colhe o que planta.
- Construção: Construa aquilo que você imagina.
- Humildade: Aceite quem você é, deixe ir o que passou e se atente ao que virá.
- Crescimento: Mude a si mesmo para crescer, não os demais.
- Responsabilidade: Sua vida é o resultado de suas ações.
- Conexão: Tudo está conectado e serve a um propósito.
- Foco: Não se pode focar ao mesmo tempo no bem e no mal.
- Doe: A forma de tratar os demais revela suas intenções.
- Aqui e agora: A única coisa que você tem é este momento.
- Mude: A vida apresenta lições e você deve aprender com elas.
- Paciência e recompensa: As coisas boas são fruto do trabalho duro, da fé e da determinação.
- Importância e inspiração: Receba da vida o que você colocou nela.

Lei da causa e efeito

Se considerarmos que colhemos o que plantamos, começaremos a refletir mais antes de agir. Para cada ação, há uma reação; se há luz, também há sombra, se há dia, haverá noite, se há saúde, pode haver doença.

Tudo possui dois lados e, ao acreditarmos que cada ato tem uma consequência, começamos a agir com mais cuidado e menos impulso.

A energia negativa atrai mais negatividade, enquanto a energia positiva atrai sucesso e alegria.

Pensamentos negativos se espalham rapidamente e podem afetar nosso bem-estar e nossa vida.

> **RECONHECER A NEGATIVIDADE E TRABALHAR PARA TRANSFORMÁ-LA EM COISAS BOAS É UM PASSO ESSENCIAL PARA O SUCESSO.**

Encarar o sofrimento como uma oportunidade de crescimento e aprendizado é fundamental para superar obstáculos e alcançar nossos objetivos.

Lei de Pareto

A lei de Pareto, ou princípio 80/20, afirma que aproximadamente 80% dos resultados vêm de 20% das causas.

Em outras palavras, a maior parte dos efeitos vem de uma minoria das ações; identificar e focar nesses 20% podem ser a chave para alcançar grandes resultados com menos esforço.

Lei de Murphy

A lei de Murphy declara que "tudo o que pode dar errado, dará errado". Ela sugere que, se algo pode dar errado, é provável que ocorra, e nos encoraja a nos preparar para o imprevisto, sendo cuidadosos e atentos para minimizar riscos e falhas.

Lei de Wilson

A lei de Wilson propõe que "nada é tão simples quanto parece". Ela enfatiza a complexidade dos problemas e a necessidade de uma análise detalhada antes de tomar decisões. As soluções frequentemente exigem mais consideração do que o esperado.

Lei de Kidlin

A lei de Kidlin sugere que "as oportunidades não são perdidas; alguém simplesmente as aproveita". Isso indica que as chances de sucesso são sempre abertas, mas é nossa responsabilidade aproveitá-las quando aparecem.

Lei de Falkland

A lei de Falkland afirma que "a única maneira de conseguir resultados é atuar". Ela enfatiza a importância de tomar ações decisivas e persistentes para alcançar nossos objetivos ao invés de ficar esperando que as coisas aconteçam por si mesmas.

As quatro leis da Índia

Lei da importância das pessoas: Todas as pessoas que entram na nossa vida são importantes e têm um motivo para cruzar nosso caminho. Elas estão presentes para contribuir com nossa jornada, de forma positiva ou negativa.

Lei do significado das experiências: Tudo pelo que passamos tem um sentido e um propósito. As experiências são oportunidades para aprender e crescer, mesmo que não compreendamos o significado imediato.

Lei do tempo: Tudo acontece no momento certo. Mesmo que não compreendamos a razão, os eventos em nossa vida ocorrem na hora certa e são parte do nosso caminho.

Lei da aceitação: Quando algo termina, é porque era o momento de terminar. Não devemos insistir no passado ou tentar reviver o que já foi. Devemos aceitar o término, guardar as lições e seguir em frente, liberando as pessoas envolvidas e continuando nossa jornada.

> **UM ATLETA PODE USAR ÂNCORAS PARA PREPARAR-SE MENTALMENTE PARA A COMPETIÇÃO.**
> — *PAULO JAMELLI*

CAPÍTULO VINTE E UM

ÂNCORAS

> "SEMPRE UTILIZEI ÂNCORAS COMO GATILHOS EMOCIONAIS; NOS MOMENTOS MAIS COMPLICADOS, RECORRIA A IMAGENS, VÍDEOS E MÚSICAS QUE ME LEVAVAM A UM OUTRO ESTÁGIO DE ENERGIA E CONFIANÇA. FIZ ISSO DURANTE TODA A MINHA CARREIRA E AINDA CONTINUO FAZENDO NA MINHA VIDA."
> — PAULO JAMELLI

Âncoras são estímulos que provocam em nós sensações e lembranças profundas, associando-nos a eventos significativos de nossas vidas. Elas podem ser sons, imagens, odores, palavras, músicas, comidas ou qualquer outro tipo de estímulo externo que acione memórias e emoções importantes.

Essas âncoras podem ter efeitos positivos ou negativos. Por exemplo, um atleta pode usar âncoras positivas, como rituais ou objetos específicos, para aumentar a autoconfiança e preparar-se mentalmente para a competição.

> **É IMPORTANTE DISTINGUIR ENTRE O USO CONSCIENTE DE ÂNCORAS PARA PROMOVER UM ESTADO MENTAL PRODUTIVO E PRÁTICAS SUPERSTICIOSAS, QUE SÃO BASEADAS EM CRENÇAS SEM FUNDAMENTO LÓGICO.**

Quando eu era um atleta em atividade, fiz questão de me apegar a âncoras com o objetivo de fortalecer a minha autoconfiança. Antes das partidas, conservava o ritual de escutar minhas canções favoritas. Sou um grande fã de Van Halen; a música *Jump* era minha preferida antes de entrar em campo. Nesses momentos de introspecção, eu aproveitava para fazer minhas orações e mentalizar coisas boas para mim e para meus companheiros, de modo que tivéssemos uma partida limpa, sem acidentes, e que pudéssemos voltar para casa saudáveis.

O ritual se estendia na hora de me vestir. Primeiro, colocava a meia do pé direito, prendia a caneleira direita e calçava a chuteira no pé direito. Na sequência, fazia o mesmo com o lado esquerdo. Após o jogo, tirava o uniforme no processo inverso: primeiramente no lado esquerdo e depois no direito.

Esses hábitos poderiam ser modificados ou variados com o tempo, mas eram maneiras de me sentir seguro e protegido para entrar em campo. Me davam confiança. Vi outros jogadores que tinham seus próprios costumes nesse sentido. Alguns gostavam de ficar sozinhos num canto, outros queriam aproveitar o tempo para se aquecer e havia aqueles que acendiam uma vela ou então escutavam música como eu. Isso pode fazer tanta diferença para a segurança de um atleta que, quando eu chegava atrasado no vestiário devido a algum imprevisto e não tinha tempo para cumprir meus rituais, me sentia inseguro e demorava um pouco mais para entrar, de verdade, no ritmo do jogo.

Para alguns, esses estímulos produtivos podem parecer superstições, mas para mim sempre foram procedimentos que me mantiveram firme e focado.

> **A SUPREMA ARTE DA GUERRA É DERROTAR O INIMIGO SEM LUTAR.**
>
> — *SUN TZU*

CAPÍTULO VINTE E DOIS

A ARTE DA GUERRA APLICADA AO ESPORTE

> "SE VOCÊ CONHECE O INIMIGO E CONHECE A SI MESMO, NÃO PRECISA TEMER O RESULTADO DE CEM BATALHAS. SE CONHECES A TI MESMO, MAS NÃO CONHECE O INIMIGO, PARA CADA VITÓRIA GANHA SOFRERÁ TAMBÉM UMA DERROTA. CASO NÃO CONHEÇA NEM O INIMIGO NEM A SI MESMO, PERDERÁ TODAS AS BATALHAS."
> — *SUN TZU*

Sun Tzu escreveu *A arte da guerra* há dois mil e quinhentos anos na China, um tratado que enfatiza que a verdadeira glória não está apenas em vencer batalhas, mas em vencer a guerra sem a necessidade de combate.

Ele ensina que conhecer a si mesmo, conhecer o inimigo e entender o ambiente são fundamentais para obter sucesso.

Princípios fundamentais

Conhecimento mútuo: Conheça a si mesmo e ao inimigo. Se você se conhece e conhece o inimigo, ganhará muitas batalhas; se conhecer apenas um, vencerá algumas e perderá outras; se não conhecer nenhum, perderá todas.

Preparação e planejamento: Analise antecipadamente a situação, compreenda os pontos fortes e fracos e trace um plano estratégico. A preparação e a adaptação são cruciais para o sucesso.

Aproveitamento das oportunidades: O inimigo oferece oportunidades para vitória. Aproveite as fraquezas e os erros do adversário para garantir a vitória.

Estratégia e tática: Uma estratégia bem planejada, combinada com uma execução disciplinada, é fundamental. A vitória não vem apenas da ofensiva, mas também da defesa eficaz e da prevenção de erros.

Liderança e motivação: Um líder eficaz motiva e guia sua equipe, entende a importância da moral e da coesão e trata seus subordinados com respeito e humanidade.

Uso da surpresa e da rapidez: Ataque os pontos fracos do inimigo de forma inesperada e rápida. A surpresa e a eficiência são elementos essenciais para alcançar a vitória.

Evitar erros comuns: Negligenciar a força do inimigo, falta de controle, treinamento inadequado e indisciplina são ações que podem levar à derrota.

Valorizar o inimigo: Reconheça as forças e as qualidades do adversário. Isso ajuda a evitar subestimação e prepara você para enfrentar desafios com mais eficácia.

Sun Tzu enfatiza que a arte da guerra envolve mais do que a batalha física. É sobre estratégia, conhecimento, adaptação e liderança. Esses princípios podem ser aplicados não apenas em contextos militares, mas também no esporte e na vida cotidiana para alcançar o sucesso e a realização.

O líder habilidoso e competente conquista a vitória sem luta e derrota o inimigo sem ações longas e custosas.

Além dos pontos descritos acima, em resumo, o comandante sábio leva em conta cinco fatores para conseguir a vitória:

- Saber quando lutar e quando não lutar;
- Saber animar seus soldados igualmente em todos os postos;
- Saber manobrar as forças superiores e inferiores;
- Saber a hora de surpreender o inimigo despreparado;
- Saber sua capacidade e não ter interferência dos seus superiores.

Prever, organizar e traçar as táticas possibilita ao líder atacar, vencer e conquistar, mas ele deve sempre lembrar de falar a verdade a seus comandados e expor claramente a realidade do combate.

> **ENFRENTAR DIFICULDADES É UMA OPORTUNIDADE PARA DEMONSTRAR NOSSO VALOR E FORÇA.**
>
> — PAULO JAMELLI

CAPÍTULO VINTE E TRÊS

QUASE GOL

"O FUTEBOL É A COISA MAIS IMPORTANTE DAS COISAS MENOS IMPORTANTES DA VIDA. ELE OCUPA O PRIMEIRO LUGAR NO RANKING DAS DESNECESSÁRIAS NECESSIDADES HUMANAS."

— ANÔNIMO

O futebol é muito mais do que um esporte; é um reflexo de lições de vida valiosas. A paixão incontrolável da torcida nos ensina que tudo é possível, que a união faz a diferença e que "a esperança é a última que morre". Quando estamos juntos, os resultados são surpreendentes. Eu acredito!

Um treinador deve ser coerente e acreditar no que fala e passa aos seus jogadores. Honestidade e lealdade são qualidades indispensáveis para um líder e o comprometimento entre líder e liderado é essencial. Essas lições não se aplicam apenas ao mundo esportivo, mas também ao ambiente corporativo e pessoal.

É importante jogar um jogo de cada vez, traçar metas com foco no objetivo final e concentrar-se em cada partida. Perder um jogo pode ser aceitável, mas o objetivo é ganhar o campeonato.

O futebol, assim como a vida, é uma atividade coletiva em que o talento individual é crucial, mas a colaboração é fundamental.

Saber conviver, utilizar o talento para o sucesso do grupo e buscar a melhoria contínua são atitudes valiosas tanto no esporte quanto no ambiente corporativo.

Em um time de futebol, todos trabalham juntos para conquistar vitórias e títulos.

Pergunte a si mesmo: na sua vida ou empresa, quem está torcendo por você? Quem faz parte da sua equipe? Quando respondemos a essas perguntas, descobrimos nossos valores e o legado que queremos deixar.

Enfrentar dificuldades é uma oportunidade para demonstrar nosso valor e força. As barreiras e obstáculos ajudam a crescer e evoluir; aceitar nossos problemas é um sinal de inteligência e maturidade.

Ganhar ou perder, o importante é sempre dar o melhor de si com os recursos disponíveis. Haverá sempre pessoas que torcem contra e tentam atrapalhar a sua jornada.

Em vez de brigar com elas, agradeça, porque a concorrência nos desafia a superar limites e alcançar patamares mais altos.

TRANSFORMAR A NEGATIVIDADE EM ENERGIA POSITIVA É UMA FORMA DE SABEDORIA.

Às vezes, enfrentar adversidades em um campo adversário pode até nos fortalecer.

Lembre-se de que, mesmo quando enfrentamos críticas e oposição, há pessoas torcendo por nosso sucesso.

Quando estamos perdendo, devemos encontrar maneiras de reverter a situação. O futebol e a vida nos mostram que grandes viradas são possíveis com fé e esforço.

Participei da equipe do Santos FC em 1995 e aquela virada incrível contra o Fluminense é até hoje lembrada pelos torcedores como uma das maiores do futebol brasileiro.

Pessoas de sucesso focam nas oportunidades, não nas dificuldades. Ser eficaz é manter a disciplina e cumprir o que foi planejado. Sempre entregue mais do que foi combinado. Você cria ou resolve problemas?

> **GRANDES TREINADORES VALORIZAM SEUS JOGADORES; GRANDES LÍDERES VALORIZAM SEUS LIDERADOS.**

Como você tem tratado seus companheiros?
Os membros da sua equipe estão na posição certa?
Como está a formação de novos talentos na sua empresa?
Como joga seu time?

E você, como se posiciona na vida?
Na retranca ( )
No ataque ( )
No contra-ataque ( )

Que tipo de jogador você é?
Fominha ( )
Beque de fazenda ( )
Pipoqueiro ( )

Xerifão ( )
Catimbeiro ( )
Açougueiro ( )
Raçudo ( )
Artilheiro ( )
Pé de rato ( )
Coringa ( )
Perna de pau ( )
Cabeça de bagre ( )
Mascarado ( )
Nutella ( )
Raíz ( )
Parça ( )
Traíra ( )
Craque ( )
Mimimi ( )

> **SE VOCÊ INSPIRA E AJUDA AS PESSOAS, ELAS RETRIBUIRÃO. AJUDAR OS OUTROS A ALCANÇAR O QUE DESEJAM É UMA FORMA DE PROMOVER A EVOLUÇÃO PESSOAL DOS ATLETAS.**
>
> **QUANDO ELES TÊM SUCESSO, VOCÊ TAMBÉM SE BENEFICIA.**

A ascensão e a queda são compartilhadas com seus liderados.

Há quatro figuras principais no futebol: o jogador, o árbitro, o torcedor e o treinador. Qual delas você quer ser?

Saber qual é nossa função no jogo da vida é crucial para tomarmos as atitudes certas. No entanto, é fundamental agir.

TBC — Tire a Bunda da Cadeira!

Se não sairmos do sofá e agirmos, permaneceremos no mesmo lugar, não importa o quanto você tenha estudado ou se preparado.

Ter boas ideias não basta; a ação é essencial para mudar sua realidade. Contentar-se com a situação atual não é uma desculpa para não evoluir.

Lembre-se: muitas vezes, chegar até a Seleção é mais fácil do que permanecer nela!

PARTE DOIS
Perfil comportamental

A CAVERNA QUE VOCÊ TEM MEDO DE ENTRAR, MUITAS VEZES GUARDA O TESOURO QUE VOCÊ PROCURA.

— *KELLY RANGEL*

CAPÍTULO UM

PERFIL COMPORTAMENTAL

> "SE VOCÊ É A PESSOA MAIS INTELIGENTE EM UMA SALA, ENTÃO VOCÊ ESTÁ NA SALA ERRADA."
> — *CONFÚCIO*

Identificar nossos comportamentos e os das pessoas ao nosso redor é uma vantagem para entender e explicar as reações dos outros e as nossas próprias.

Todos nós temos valores e crenças únicas e interpretamos os eventos de nossas vidas de maneiras diferentes. Isso se deve à nossa cultura, sociedade, momento e visão de mundo.

Desde pequenos, somos moldados pelos hábitos e costumes do país onde nascemos, nossa condição social, religião, momento histórico e outros fatores que influenciam nossa maneira de pensar e agir.

Desde a antiguidade, o comportamento humano tem sido estudado e esses perfis comportamentais foram divididos em quatro grandes grupos, com nomes que variam ao longo do tempo.

GREGOS	HIPÓCRATES	CARL JUNG	MARTSON	PROFILER
FOGO	COLÉRICO	PRODUTOR	D - DOMINÂNCIA	EXECUTOR
AR	SANGUÍNEO	INTUITIVO	I - INFLUÊNCIA	COMUNICADOR
ÁGUA	FLEUMÁTICO	SENSITIVO	S - ESTABILIDADE	PLANEJADOR
TERRA	MELANCÓLICO	ANALÍTICO	C - CONFORMIDADE	ANALISTA

Os gregos usavam os quatro elementos; outros estudiosos usavam diferentes terminologias, mas os comportamentos sempre foram categorizados em quatro grupos principais, também bem conhecidos no meio esportivo.

Nenhuma pessoa possui 100% de um perfil ou 25% igualmente divididos entre os quatro; todos temos os quatro perfis, geralmente com um predominante, dois em equilíbrio e um menos destacado.

Eu particularmente sigo a divisão de perfis baseada em quatro animais: tubarão, lobo, águia e gato, conforme proposto pelo IBC, o Instituto Brasileiro de Coaching, por meio de seu presidente José Roberto Marques. Adotei essa classificação devido à sua facilidade de entendimento.

Quando falamos sobre tubarão, já imaginamos seu comportamento na natureza, facilitando a identificação do perfil comportamental de nossos atletas. O mesmo ocorre com o gato, a águia e o lobo.

Podemos associar os animais a qualidades específicas; há palavras que resumem os perfis e nos dão uma ideia clara do comportamento de cada um. Confira abaixo:

- A águia é associada à liberdade e criatividade.
- O gato é caracterizado pela felicidade, igualdade e relacionamento.
- O tubarão foca em resultados: missão dada, missão cumprida.
- O lobo preza pela ordem, controle e organização.

Uma maneira simples de entender cada perfil é pedir que realizem uma tarefa específica, como comprar dez pães:

"Tubarão, você pode ir à padaria e comprar dez pães?" O atleta com perfil predominante de tubarão executará a missão rapidamente, sem perguntas ou sugestões. Ele é focado e determinado, concentrando-se apenas em comprar os pães e voltar.

"Gato, você pode ir à padaria comprar dez pães?" O atleta com perfil gato primeiro perguntará se você não quer ir junto ou se pode chamar alguém para acompanhá-lo. Ele pode demorar para chegar à padaria, pois se distrairá conversando com conhecidos e convidando pessoas para comerem os pães juntos. Ele valoriza relacionamentos e a execução da tarefa fica em segundo plano.

"Águia, você pode ir à padaria comprar dez pães?" O atleta com perfil águia pensará e sugerirá alternativas: "Você realmente quer dez pães ou prefere um sonho, bolo ou torta? Quem vai comer os pães?". Ele pode ligar no meio do caminho para confirmar o pedido. Ele tende a fazer planos grandiosos e detalhados.

"Lobo, você pode ir à padaria comprar dez pães?" O atleta com perfil lobo fará uma série de perguntas: "Que tipo de pão você quer? Como devo pagar? Qual caminho devo seguir? Posso ir de carro ou a pé?". Ele fará uma planilha com base no preço anterior para comparar, trará o recibo e a nota fiscal e cronometrará o tempo gasto. Ele segue as regras à risca, sem improvisos.

Essa metáfora ilustra como cada perfil reage a um pedido, uma ordem ou uma situação de crise.

É feita a mesma pergunta, com a mesma missão, e as respostas e atitudes são completamente diferentes.

Entender como somos e como nossos interlocutores são torna a comunicação mais clara e direta, aumentando as chances de sucesso.

> **QUANDO NÃO TRANSMITIMOS A MENSAGEM CORRETAMENTE, A CHANCE DE INSUCESSO AUMENTA CONSIDERAVELMENTE.**

Uma boa comparação é a expressão "Será que estou falando russo?". Para que um francês te entenda perfeitamente, fale francês; se for um chinês, fale chinês. Eles podem entender espanhol ou inglês, mas alguns detalhes podem se perder.

Entender os perfis comportamentais dos atletas é fundamental para o bom funcionamento das equipes.

Imagine se você tem um perfil predominantemente tubarão e precisa dar instruções a um atleta de perfil lobo. Você dará uma ordem clara e direta, mas o jogador precisará de mais detalhes e informações. Ele pode se sentir perdido e achar que você não se importa com ele, enquanto você pode interpretar que ele não está comprometido ou não é inteligente o suficiente para seguir uma orientação simples.

Isso acontece no dia a dia, no trabalho, na família, no clube e até no casamento. Imagine uma esposa com perfil gato ou águia convivendo com um marido tubarão ou lobo.

Sabemos que o sucesso de uma equipe depende da soma de vários talentos individuais focados num único objetivo.

> **RETER E GERENCIAR TALENTOS É O MAIOR DESAFIO DO GESTOR MODERNO, TANTO NO CENÁRIO ESPORTIVO QUANTO NO CORPORATIVO.**

A formação de equipes de alto rendimento é a etapa mais importante e fundamental de todo o processo, mais do que a manutenção do projeto. Criar é mais difícil do que manter, tanto no esporte quanto no corporativo.

Selecionar e combinar talentos, características, qualidades, comportamentos, competências e humores são essenciais para o sucesso. O treinador/gestor precisa de ferramentas e profissionais que contribuam para que a equipe renda ao máximo.

Desde a antiguidade, os seres humanos buscam formar equipes integradas que somem as habilidades individuais para render 100% do potencial. Metodologias, reflexões, observações, pesquisas, testes e teorias evoluíram ao longo do tempo.

Reconhecer que somos diferentes e reagimos de maneiras diversas a cada situação é fundamental para organizar nossas equipes. Conhecer os perfis comportamentais dos membros do grupo é um grande passo para a sincronia perfeita entre os indivíduos.

Durante minha carreira, sempre me esforcei para conhecer a fundo os meus companheiros e, desta forma, garantir que um complementasse o outro. No Santos, firmei uma parceria de muito sucesso com o Giovanni, uma pessoa muito introvertida e tímida que, gradualmente, aprendi a compreender. Chegou um momento em que eu sabia exatamente do que ele gostava e o que o desagradava.

Por outro lado, o Edilson Capetinha, que jogou comigo pelo Kashiwa Reysol no Japão, tinha uma personalidade completamente distinta. Enquanto com o Giovanni eu precisava estar atento aos seus sinais, minha relação com o Edilson sempre foi mais expansiva. Vibrávamos e gritávamos juntos e fazíamos brincadeiras um com o outro. Ele me dava essa liberdade. Foi assim que nos tornamos uma dupla com um desempenho sensacional e com números que até hoje estão gravados, ele como artilheiro do time e eu como assistente, sempre muito entrosados. A parceria deu certo porque eu entendia o que meu companheiro de ataque precisava para render ao máximo.

No Zaragoza, joguei com Savo Milošević, um atleta muito introspectivo, mas com um caráter excepcional. Apesar de ser mais silencioso, logo ele me deu abertura e permitiu que eu "falasse" a língua dele.

Esses esportistas foram meus companheiros de clube, mas especialmente meus amigos. Parceiros. Naquela época, passávamos mais tempo juntos do que com nossas respectivas famílias, de modo que era preciso construir uma relação saudável e benéfica que favorecesse inclusive nossa atuação em campo. Eu me empenhava para conhecer as necessidades dos meus colegas e encontrar o ponto de equilíbrio que possibilitasse uma conexão verdadeira com cada um deles, sem perder minha essência e minhas verdades.

Esse compromisso de compreender os outros é algo que cultivei ao longo de toda a minha carreira. Conhecer o perfil comportamental de cada um é fundamental não apenas para jogadores, mas para técnicos, líderes e qualquer pessoa que esteja comprometida em gerir e motivar equipes.

Quatro grandes grupos de comportamento

Todos nós temos maneiras distintas de encarar as situações que ocorrem em nossas vidas.

Temos características, qualidades e dificuldades que se sobressaem em relação a outras.

Todos nós temos os quatro perfis de comportamento; geralmente, um é dominante, dois são menores, mas equilibrados, e um é pouco caracterizado.

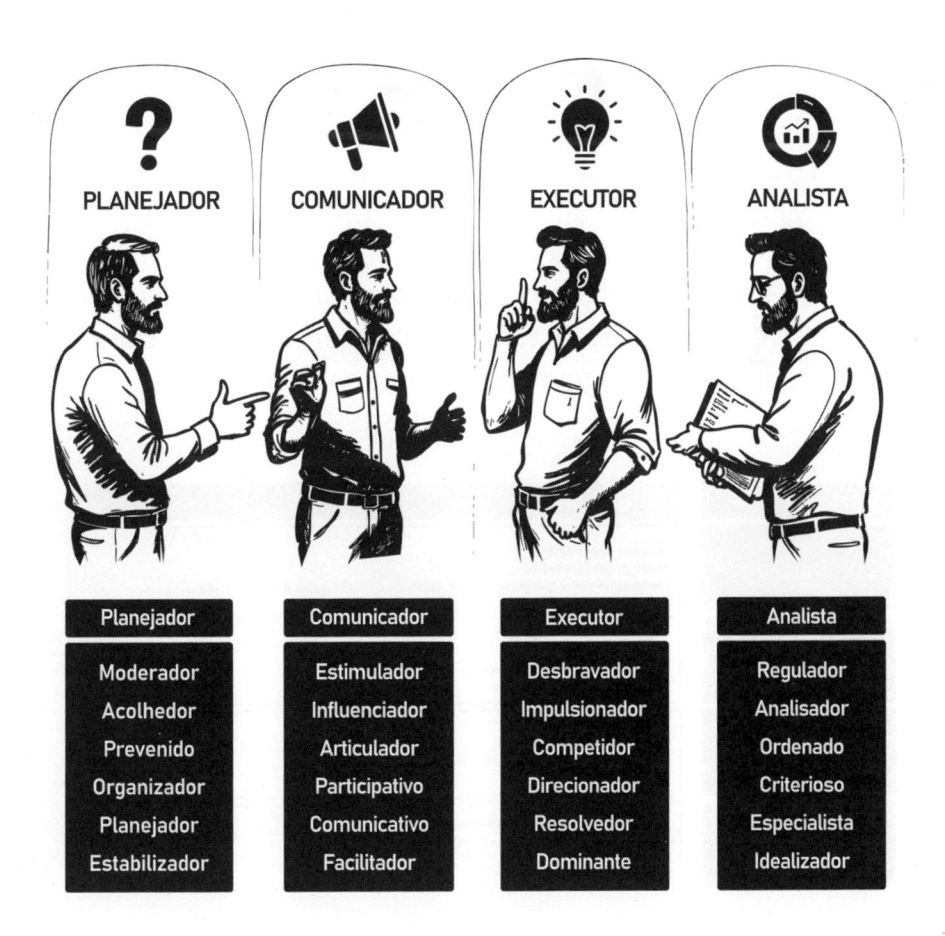

PLANEJADOR	COMUNICADOR	EXECUTOR	ANALISTA
Planejador	Comunicador	Executor	Analista
Moderador	Estimulador	Desbravador	Regulador
Acolhedor	Influenciador	Impulsionador	Analisador
Prevenido	Articulador	Competidor	Ordenado
Organizador	Participativo	Direcionador	Criterioso
Planejador	Comunicativo	Resolvedor	Especialista
Estabilizador	Facilitador	Dominante	Idealizador

Os quatro perfis de comportamento possuem características marcantes, facilitando a compreensão do modo como as pessoas procedem, pensam e agem.

E

Assume as rédeas/riscos/eu posso
Interrompe
Incansável
Impaciente
Foco na ação

A

Toma notas
Preciso
Cuida ao expressar sentimento
Quer informações/detalhes
Atento

Entusiasmado
Amigável
Mexe as mãos
Conta Histórias
Emocional/relacional

Bom ouvinte
Relaxado e Gentil
Resistente a mudanças
Não agressivo
Paciente/moderado

C

P

Quando nos dirigimos às pessoas conhecendo seu perfil, nossa comunicação se torna muito mais assertiva, clara e direta e nossa mensagem chega com maior impacto.

Perfis	Alguns Medos
Comunicador	Medo de ficar sozinho. Medo de ser rejeitado. Medo de perder a qualidade de vida, deixando de fazer o que lhe dará prazer.
Executor	Medo de perder a posição. Medo do fracasso. Medo de reconhecer que errou. Medo de perder a autonomia.
Planejador	Medo da mudança. Medo da opinião dos outros. Medo de se machucar nos relacionamentos. Medo de perder o controle.
Analista	Medo de não ter avaliado todas as possibilidades Medo de confrontos Medo do ridículo Medo de não fazer com perfeição

O medo e a incerteza em relação a diversos assuntos e decisões que precisamos tomar interferem muito no nosso dia a dia.

Entender essas preocupações e nos colocarmos no lugar da pessoa com quem estamos falando auxiliam bastante na forma como podemos ajudar. O diálogo e a maneira de interagir com uma pessoa de perfil analista não são os mesmos que com uma pessoa planejadora, nem com alguém de perfil executor ou comunicador.

PERFIL (+) PONTOS FORTES

Executor	Comunicador
- Assertivo - Tem iniciativa - Tem voz de comando - Independente - Competitivo - Foca em resultados - Auto gerenciado - Dita ordens	- Otimista - Envolvente - Comunicativo - Trabalha em equipe - Comunicativo (fluência verbal) - Intuitivo (escuta seu coração) - Persuasivo

Planejador	Analista
- Metódico - Paciente - Tolerante - Modesto - Sensível - Amável - Gosta de ajudar as pessoas - Simpático	- Especialista - Cuidadoso - Reservado - Habilidoso - Disciplinado - Ponderado - Um planejador mais estratégico - Criterioso

Quando falamos sobre qualidades e boas condutas, a conversa pode ser extraordinária, pois acessamos memórias positivas, dando uma injeção de ânimo e satisfação no nosso interlocutor.

Utilizar bons momentos gera interação, compartilhamento, confiança e motivação. Sabendo acessar corretamente os valores e crenças de cada perfil e sua maneira de lidar com o sucesso, a pessoa compreende que tem boas atitudes e que está no caminho certo.

CAPÍTULO DOIS

DESENVOLVIMENTO HUMANO DOS ATLETAS

> "NOSSA MAIOR GLÓRIA NÃO ESTÁ EM NUNCA CAIR, MAS SIM EM LEVANTAR TODA VEZ QUE CAÍMOS."
> — *CONFÚCIO*

Os atletas estão constantemente buscando render ao máximo de suas possibilidades, mas nem sempre isso é possível, muitas vezes por motivos não diretamente relacionados ao talento e habilidades. É importante lembrar que, antes de atletas, nós somos seres humanos.

Encontrar um ponto de equilíbrio é fundamental para manter a motivação, o foco e a autoconfiança.

> **MANTER-SE NO LIMITE DURANTE UM LONGO PERÍODO É DIFÍCIL E DESGASTANTE, PORTANTO, ENTENDER COMO SOMOS E COMO REAGIMOS É IMPRESCINDÍVEL.**

Passar aos atletas, de forma clara e direta, os programas de treinamento, objetivos, dificuldades e desafios é uma maneira de envolvê-los no processo. Visualizar os programas diários, semanais e mensais de treinamento mantém os atletas comprometidos e motivados para alcançar o sucesso.

Desenvolver, além da parte técnica, tática e física, o fator mental é um desafio que cada vez mais faz a diferença nos resultados.

O lado mental, comportamental, espiritual e social, assim como estar em comunhão com a natureza, a sociedade e o ambiente em que se vive, são aspectos fundamentais para a evolução e o desenvolvimento humano.

O atleta que tem mais consciência de si mesmo, de sua missão na Terra, do legado que quer deixar e de seus valores, melhora consideravelmente seu desempenho e potencializa sua força interior.

Buscar o desenvolvimento pessoal fora das "quatro linhas" faz a diferença na vida de uma pessoa, tanto no aspecto pessoal quanto no profissional.

> **UM ATLETA EM PAZ CONSIGO MESMO ESTÁ MUITO MAIS APTO A ENFRENTAR NOVOS E DESAFIADORES PROJETOS.**

A busca pela paz interior, equilíbrio e a segurança de estar fazendo a coisa certa é garantia de bons resultados.

CAPÍTULO TRÊS

OS DOIS HEMISFÉRIOS CEREBRAIS

> "DEVEMOS ACEITAR A DUALIDADE DO SER HUMANO. NÓS SOMOS LUZ E TEMOS INÚMERAS QUALIDADES, MAS TAMBÉM EXISTE NOSSA VERSÃO QUE PRECISA VERDADEIRAMENTE MELHORAR A CADA DIA. DEVEMOS ENCONTRAR NOSSO EQUILÍBRIO."
> — *JOSÉ ROBERTO MARQUES*

Como tomamos nossas decisões? Como decidimos fazer ou não determinada ação? Por que às vezes tomamos decisões impulsivas e outras vezes hesitamos? As respostas para essas perguntas estão no fato de que somos seres duais, com um cérebro dividido em duas partes: direita e esquerda, cada uma com um padrão de comportamento muito bem definido.

Recapitulando o que foi dito nas páginas anteriores, o lado esquerdo é racional, crítico, julgador, condicionado, cognitivo, matemático, realista e frio — nosso lado "Excel". Já o lado direito é criativo, inconsciente, livre, independente, sem limites, informal — nosso lado "PowerPoint".

O Excel recebe dados exatos, nos mostra planilhas, faz cálculos, ensina a fazer orçamentos e mostra se a conta fecha ou não. O PowerPoint, por outro lado, é uma ferramenta para deixar a imaginação viajar, sem limites ou preocupações com custos, prazos ou orçamentos.

> **SABENDO QUE TEMOS DUAS MENTES QUE CONSTANTEMENTE SE DESAFIAM, PODEMOS PENSAR QUE ELAS DEVEM SE CHOCAR, MAS NA VERDADE ELAS SE COMPLEMENTAM. ELAS FORAM FEITAS PARA TRABALHAR JUNTAS EM HARMONIA.**

Não adianta ter uma mente 100% racional ou 100% intuitiva; a combinação entre elas é o que buscamos.

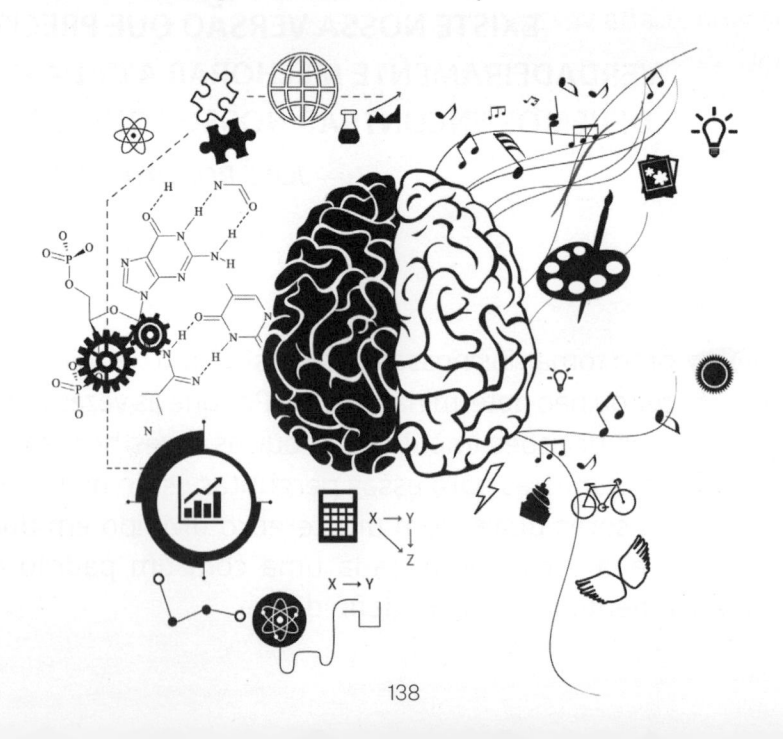

Se deixarmos nossa vida ser guiada apenas pelo lado racional, estamos deixando de lado nosso potencial intuitivo e subconsciente. Da mesma forma, se nos guiarmos apenas pela intuição, podemos embarcar em projetos grandiosos que podem ruir sem a parte racional e lógica.

CONVIVER INTELIGENTEMENTE ENTRE ESSAS DUAS PARTES DO PENSAMENTO É SER UMA PESSOA EQUILIBRADA, SABER USAR A PARTE LUZ E A PARTE SOMBRA DA NOSSA PERSONALIDADE A NOSSO FAVOR.

Nossa mente intuitiva e a racional sempre estiveram presentes em nossos pensamentos e decisões.

Desde crianças, somos influenciados a dar mais atenção ao lado racional das coisas. Porém, dois mais dois podem ser quatro, mas também podem ser vinte e dois, zero ou cinco.

Deixar nossa intuição nos guiar e buscar alternativas são ações muito estudadas na área de desenvolvimento pessoal. Cada vez mais, essa abordagem vem provando que podemos ir além se entendermos essa capacidade.

Saber interpretar os recados que nosso cérebro nos envia é compreender que nossa mente nos passa dicas valiosas.

> **O LÍDER DEVE TER A SENSIBILIDADE DE ADAPTAR SUA FORMA DE COMUNICAÇÃO PARA CADA JOGADOR.**
>
> — *PAULO JAMELLI*

CAPÍTULO QUATRO

SISTEMAS REPRESENTACIONAIS

> "QUEM NÃO SE COMUNICA,
> SE TRUMBICA."
> — *CHACRINHA*

Todos nós temos facilidades e dificuldades com várias coisas na vida, e o aprendizado não é diferente. Temos afinidade com certas atividades e aversão a outras. Aprendemos melhor de maneiras específicas, por isso é importante para um líder saber se comunicar e entender quem está recebendo a mensagem.

Algumas pessoas entendem melhor quando falamos, desenhamos, demonstramos ou combinamos esses métodos. É essencial buscar o melhor entendimento e aprendizado para nossos interlocutores.

No futebol, a comunicação em campo é um grande desafio, sobretudo para o treinador. Durante o intervalo de um jogo, em um ambiente de adrenalina a mil e com pouco tempo para orientação, é necessário transmitir o recado para uma equipe composta por pessoas com diferentes estilos de aprendizado. Desta forma, o líder deve ter a sensibilidade de adaptar sua forma de comunicação para cada jogador. Já tive experiências em que, como treinador, precisei conversar de maneiras distintas com os atletas, de acordo com seus perfis e necessidades.

Um exemplo notório disso se deu em uma partida em que tínhamos uma jogada ensaiada: o atacante deveria entrar em diagonal em direção ao gol. Em duas tentativas, ele correu para o lado errado. Na terceira vez, nosso massagista, valendo-se da linguagem do futebol, gritou: "Entra em facão!". O jogador imediatamente assimilou o comando e o executou, resultando na marcação de um gol para nosso time.

Na ocasião, constatei que eu estava usando a linguagem errada com meu jogador e, por esta razão, a comunicação não foi eficiente. Quando passei a fazer uso de jargões específicos do futebol, ele conseguiu captar melhor as orientações e executar as jogadas corretamente.

> **EM TODA COMUNICAÇÃO, HÁ QUATRO FATORES A CONSIDERAR: A MENSAGEM, O RECEPTOR, O EMISSOR E O MÉTODO DE COMUNICAÇÃO.**

A mensagem e os dois lados sempre existirão; a diferença na qualidade da comunicação está na maneira como o conteúdo é transmitido. Cabe ao líder descobrir qual método será mais eficaz para transmitir a informação.

Há quatro grandes sistemas com os quais as pessoas se identificam e aprendem mais facilmente: visual, auditivo, cinestésico e digital.

✓ Visuais

Indivíduos que aprendem melhor vendo. Para eles, observar um desenho, foto, mapa ou um esquema tático na prancheta é a melhor forma de gravar e entender uma mensagem. Eles percebem detalhes que outros não perceberiam e preferem analisar o contexto geral rapidamente. Costumam gesticular, usar expressões corporais e falar rápido. Características incluem responder de forma direta e resumida, dificuldade em repetir frases ou textos ouvidos, preferência por leitura, impaciência com discursos e maior gosto por filmes e televisão do que por rádio.

✓ Auditivos

Gostam de escutar, contar histórias, são ordenados e gostam de fazer uma coisa de cada vez. São grandes oradores, têm um vocabulário extenso, não gesticulam muito, são calmos e pensam antes de responder. Prestam atenção nos discursos, escutam na essência, gostam do silêncio e são ótimos ouvintes. Têm facilidade para gravar músicas e poemas e gostam de se comunicar verbalmente. Ruídos e muita informação atrapalham sua concentração.

✓ Cinestésicos

Preferem sentir, provar e aprender fazendo. Gostam do contato com os demais, são tranquilos quando estão pensando, estudando ou aprendendo. São ótimos esportistas, dançarinos e artistas, conscientes de seus corpos e limitações físicas. Valorizam a interação, não são organizados e se movimentam muito. Costumam falar olhando para baixo, caminhar enquanto falam e são agitados, mas falam devagar e usam o corpo e os gestos de forma inteligente.

✓ Digitais

Precisam entender a mensagem, analisar, pensar e preferem receber informação ouvindo. Gostam de dados e informações detalhadas, utilizam o lado racional do cérebro. São lógicos, analíticos, perfeccionistas e transformam pequenas ideias em grandes realizações. São curiosos, perguntam muito e buscam informações claras e transparentes. Estão sempre um passo à frente, focam no futuro e são reservados.

CAPÍTULO CINCO

VENCER SEU MAIOR RIVAL

> "NINGUÉM PODE IMPEDI-LO DE TER SUCESSO, EXCETO VOCÊ."
> — *DESHUN WANG*

Quando temos medo, seja antes de uma competição, jogo ou decisão difícil, podemos agir de duas maneiras: bloquear ou atuar.

Tudo na vida gira em torno das atitudes e escolhas que fazemos. Não podemos controlar tudo ao nosso redor, mas podemos escolher como reagimos aos fatos e como eles nos afetam.

Podemos nos programar mentalmente para criar uma realidade que escolhemos, enfrentando dificuldades e alegrias de maneira positiva. Podemos optar por acordar com alegria e bom humor ou reclamar e protestar. Cada vez que algo ruim acontece, podemos nos queixar ou ver a oportunidade de crescer e melhorar. Enxergar o lado positivo da vida é uma qualidade que pode ser aperfeiçoada e treinada.

Deixar de se preocupar com trivialidades e focar nas coisas realmente relevantes são condutas que devemos adotar e tornar um hábito.

Essa atitude positiva é uma injeção de energia e motivação para lidar com os problemas diários. Não é imaginar que o mundo é perfeito, mas ter uma atitude positiva e agir com energia e determinação.

> **TODOS NÓS SOMOS LIVRES PARA ACORDAR A CADA DIA E AGRADECER PELO QUE TEMOS E CONQUISTAMOS.**

Manter a cabeça elevada, orgulhar-se do que fazemos e retribuir o que recebemos de forma sincera são maneiras de manter nossa autoestima e melhorar nosso diálogo interior.

CAPÍTULO SEIS

A IMPORTÂNCIA DO AUTOCONHECIMENTO

> "SE VOCÊ QUER ALGO QUE NUNCA TEVE,
> VOCÊ PRECISA ESTAR DISPOSTO
> A FAZER ALGO QUE NUNCA FEZ."
> — *THOMAS JEFFERSON*

O autoconhecimento, ou conhecer a si mesmo, compreender nossos pontos fortes e fracos, é, antes de tudo, uma declaração de amor e respeito por si mesmo.

Quanto mais nos conhecemos, mais entendemos nossos limites, qualidades, dificuldades, reações, sentimentos, valores e crenças e começamos a discernir o que é realmente importante do que é desnecessário e supérfluo.

Com um autoconhecimento profundo e sinceridade consigo mesmo, aumentamos a probabilidade de acertar em nossas atitudes e decisões, o que fortalece nossa confiança e facilita o gerenciamento de crises e dificuldades.

O autoconhecimento não é apenas um processo de introspecção, mas também estar preparado para uma conversa íntima e sincera sobre nossos medos e virtudes, sobre a luz e a sombra dentro de nós.

Esse processo pode ser doloroso e esclarecedor, pois remexe crenças e feridas enraizadas profundamente, relembrando faltas e erros que não são agradáveis, mas fundamentais para nos conectarmos com outras partes de nós mesmos e entendermos como tudo isso impacta nosso processo de evolução.

O autofeedback abre as portas para nosso eu interior e só nós sabemos pelo que passamos e estamos passando em nossa busca por sermos indivíduos melhores a cada dia.

> **QUEM SE CONHECE ERRA MENOS, VIVE MELHOR, PERDOA MAIS, TOMA MELHORES DECISÕES, TEM MAIS ARGUMENTOS PARA SUAS ESCOLHAS E PODE ESCOLHER MELHOR SEU CAMINHO.**

Se conhecer não é o mais doloroso; o mais doloroso é descobrir que não nos conhecemos, que não temos um objetivo de vida, que nossa vida não tem um sentido claro, que não reconhecemos nossos sonhos.

Algumas perguntas podem ajudar nesse processo:

- Quem é você?
- O que você quer?
- Quais são seus valores?
- Quais são suas crenças?

- Quais são seus recursos?
- Quais são seus bloqueios?
- Quem são seus aliados?
- Quem são seus inimigos?
- Qual é a sua missão?
- Quais são os próximos passos para realizar sua missão?
- O que você aprendeu ao fazer este exercício?
- O que te motiva?

> O DIÁLOGO INTERNO É A CHAVE PARA O EQUILÍBRIO EMOCIONAL.
>
> — PAULO JAMELLI

CAPÍTULO SETE

EQUILÍBRIO EMOCIONAL

"LEMBRE-SE DA SABEDORIA DA ÁGUA. ELA NUNCA DISCUTE COM UM OBSTÁCULO, SIMPLESMENTE CONTORNA."
— *AUGUSTO CURY*

Um dos fatores cruciais para o sucesso de um atleta é o equilíbrio mental. A busca constante por melhor desempenho e a competição cada vez mais acirrada submetem os atletas a grandes instabilidades emocionais. O aprimoramento físico, técnico e tático não é suficiente; o componente emocional é vital para obter sucesso.

O monitoramento constante do estado mental e emocional é fundamental para uma vida de sucesso, tanto dentro quanto fora do esporte. Manter a mente sempre forte, positiva e focada é uma tarefa difícil, mas essencial. É importante não permitir que pensamentos negativos e dúvidas externas interfiram no seu desempenho.

O diálogo interno é a chave para esse equilíbrio emocional.

Controlar nossas emoções, frustrações, alegrias e experiências positivas e negativas molda nosso comportamento e direciona nossas atitudes. Reações intensas e breves, em momentos de tensão ou prazer, são comuns no esporte, e o equilíbrio emocional pode ser o diferencial entre conquistar objetivos ou ser derrotado.

> **A IDEIA EXAGERADA DE QUE A DERROTA SIGNIFICA QUE TUDO ESTÁ ERRADO E A VITÓRIA SIGNIFICA QUE TUDO ESTÁ CERTO É DISTORCIDA.**

A busca pela vitória a qualquer preço pode levar a atitudes desmedidas e até ao uso de substâncias proibidas, uma solução equivocada que traz mais problemas físicos e emocionais.

CAPÍTULO OITO

COMO O ATLETA REAGE A CRÍTICAS E PRESSÃO

> "A VIDA NOS EMBURRECE, O QUE NOS ENSINA É A DERROTA. ELA NOS FAZ AVALIAR QUEM SOMOS, O QUE SOMOS, O QUE PRETENDEMOS SER E ONDE A GENTE PODE CRESCER."
> — *DR. SÓCRATES*

Todo atleta, seja profissional ou amador, busca a vitória.

A dor da derrota e a glória da vitória estão constantemente presentes na vida de quem pratica esportes. As circunstâncias que trazem vitórias e derrotas nem sempre estão sob controle dos atletas e treinadores, e fatores imponderáveis fazem parte do esporte.

Esportistas de alto rendimento sofrem com a pressão externa diariamente. Ser alvo de críticas é inevitável e eu não fui exceção. Ciente disso, passei a enxergá-las como combustível para aprimorar minha performance, desde que fossem construtivas e justas, claro. Não acho que esses comentários devam ser sempre considerados como tentativas de desanimar ou subestimar o atleta, mas como oportunidades de agregar. O Dunga é um exemplo extraordinário de esportista que soube administrar de cabeça erguida e peito aberto as repercussões negativas que atingiram sua imagem dentro do campo.

Apesar de se tratar de um dos melhores volantes que o futebol já formou, não só do Brasil, mas do mundo, Dunga não passou ileso das críticas, especialmente após o fracasso da Seleção Brasileira na Copa de 1990. Naquele ano, nosso país foi eliminado nas oitavas de final pela Argentina e a culpa da derrota foi, em grande parte, atribuída a Dunga. Tornou-se o bode expiatório.

Entretanto, ele não se deixou abater pelas críticas e, em 1994, foi convocado novamente para a Seleção, desta vez como capitão. Durante a Copa, realizada nos Estados Unidos, o Brasil conquistou o tetra e Dunga se destacou como um dos pilares da equipe.

Um dos momentos mais emblemáticos e inesquecíveis é quando Dunga bate o pênalti na final contra a Itália e vibra com muita emoção. Na comemoração do Dunga, é possível perceber que ele se desfaz de todo o fardo que colocaram em suas costas. O capitão estava leve. Aquele momento demonstra a resiliência do jogador e a forma como soube superar as críticas ferrenhas que sofreu. Ele poderia muito bem ter abaixado a cabeça e sucumbido aos comentários depreciativos, mas teve a força interior para dar a volta por cima e alcançar a glória.

> **GRANDES ATLETAS SOFREM DERROTAS E DECEPÇÕES, MAS OS REALMENTE VENCEDORES APRENDEM COM ESSES MOMENTOS AMARGOS E SE FORTALECEM.**

A pressão, o medo e a crítica são importantes para a evolução como cidadãos e atletas.

Não dormir, chorar e curar as feridas fazem parte do processo.

Vitórias épicas vêm sempre após quedas espetaculares.

> TOMAR UMA ATITUDE, MESMO QUE EQUIVOCADA, É MELHOR DO QUE PERMANECER INERTE.
>
> — PAULO JAMELLI

CAPÍTULO NOVE

O ATLETA AMA O QUE FAZ?

> "ALGUMAS PESSOAS QUEREM QUE ACONTEÇA. OUTRAS DESEJAM QUE ACONTEÇA. OUTRAS FAZEM ACONTECER."
> — *MICHAEL JORDAN*

Chegar ao nível mais alto do esporte de alto rendimento é difícil e exige sacrifícios, escolhas, comprometimento, renúncias e muitas horas de treino e trabalho duro. Mas também é gratificante viver essa vida de renúncia e amor ao esporte.

É importante questionar: você está feliz onde está? Está contente com sua rotina diária de treinos e jogos? Se você não está satisfeito, deve tomar uma decisão: abandonar, mudar ou aceitar a situação.

Tomar uma atitude, mesmo que equivocada, é melhor do que permanecer inerte.

Organizar seu tempo, melhorar seu ambiente de trabalho, respeitar seus limites e desfrutar de pequenos prêmios durante os treinamentos podem ajudar a entender se você está no caminho certo.

Se mesmo assim você sente que está no lugar errado, é hora de mudar.

CAPÍTULO DEZ

ESTRESSE

"SENTIR-SE PRESSIONADO PELAS RESPONSABILIDADES PROFISSIONAIS E PESSOAIS PODE AUMENTAR MUITO SUA IRRITABILIDADE E MAU HUMOR. IDENTIFICAR O ESTRESSE E CONVIVER COM ELE, TIRANDO PROVEITO DISSO, SÃO ATITUDES SÁBIAS."
— *PAULO JAMELLI*

O convívio com o estresse é parte integrante do mundo dos esportes de alto rendimento. O excesso de treinos, a pressão por resultados, derrotas, frustrações e o relacionamento com treinadores, familiares e imprensa são fatores que podem levar qualquer atleta ao estresse.

LIDAR COM O ESTRESSE É FUNDAMENTAL PARA O SUCESSO.

A pressão constante por resultados é desgastante e devemos estar preparados, equilibrados e conscientes de que isso é normal. O estresse pode ser utilizado para melhorar o rendimento.

Cada atleta tem uma tolerância e um limite para lidar com o estresse. Para alguns, o estresse pode ser produtivo; para outros, pode ser prejudicial. Não ter estresse ou motivação suficiente também pode ser prejudicial.

Mudar a maneira como lidamos com o estresse é a chave para um bom desempenho.

Há várias técnicas para conviver com o estresse. Não é possível eliminá-lo, mas o reduzir e aprender a conviver com ele sim, o utilizando como forma de motivação e aprendizado.

Vou listar alguns pensamentos, técnicas, ferramentas e exercícios que nos ajudam a utilizar a força do estresse e das pressões a nosso favor:

- Viva o aqui e agora, o dia de hoje;
- O passado já passou, foque no presente;
- O que você planta, você colhe;
- Todo problema tem solução;
- Perdoar os demais e a si mesmo;
- A maioria dos nossos medos e aflições não se tornam realidade;
- Como você se enxerga é o importante, não como pensa que os outros te enxergam;
- Fale com seus treinadores, colegas de profissão, amigos e familiares e escute o que eles têm para falar sobre você;
- Problemas dos outros são problemas dos outros, deixe para eles resolverem;
- Que história você conta de si mesmo?;
- Relembre momentos e atitudes que te orgulharam.

CAPÍTULO ONZE

CONTROLAR, CONVIVER E LIBERAR EMOÇÕES

> "UMA PESSOA INTELIGENTE APRENDE COM OS SEUS ERROS, UMA PESSOA SÁBIA APRENDE COM OS ERROS DOS OUTROS."
> — *AUGUSTO CURY*

Quando começamos um planejamento, uma pré-temporada ou um ciclo de preparação para uma competição e até mesmo ao ingressar em uma nova equipe, enfrentamos diversas sensações, sentimentos e emoções.

Essas emoções podem variar desde a raiva até o êxtase, passando pelo medo, sonhos e alegria. Esses sentimentos são naturais e nos levam ao nosso estado mais primitivo, preparando-nos para as batalhas, barreiras e desafios que enfrentaremos.

Dentre esses sentimentos, a raiva pode ser um dos mais perigosos e devastadores.

> **A RAIVA NÃO É BOA NEM MÁ; ELA É UMA REAÇÃO QUE TODOS NÓS, ATLETAS, EXPERIMENTAMOS.**

Muitas vezes, sentimos raiva por diversas razões. Não devemos nos preocupar em contê-la ou exterminá-la, mas sim em saber lidar com esse sentimento, vivê-lo, estar aberto a ele, direcionando-o a nosso favor e transformando-o em combustível para novas conquistas e superação de limites.

Momentos de muita raiva são prejudiciais; raiva excessiva e descontrolada pode nos tornar violentos e levar-nos a tomar atitudes que não condizem com nosso perfil e caráter. Contudo, se a raiva for canalizada e focada na superação de adversidades, ela pode ser muito benéfica.

Quebrar uma raquete, um taco, agredir um adversário, chutar uma garrafa, empurrar o árbitro ou fazer gestos para a torcida podem ser atitudes que extravasam a raiva momentaneamente, dando uma sensação de bem-estar.

No entanto, essas ações não resolvem a questão e só trazem mais prejuízos. Devemos nos educar para canalizar essa raiva e frustração de forma positiva, transformando-a em energia para o sucesso e a vitória.

Aprender a lidar com nossa mente em momentos de raiva, derrota, pressão e estresse é de extrema importância. Esse jogo mental interno, entre nós e nós mesmos, aflora em situações críticas e expõe nossa verdadeira natureza e comportamento primitivo.

Um grande erro em situações como essas é tentar silenciar e censurar nossos pensamentos.

Devemos, ao contrário, aprender a lidar com eles, diminuindo sua intensidade, frequência e descontrole.

Tudo o que tiver que acontecer deve ser encarado como uma experiência de vida, inclusive situações que, a princípio, parecem catastróficas.

DERROTAS, MÁS NOTÍCIAS E PERCALÇOS FAZEM PARTE DO PROCESSO.

Se forem bons, mantemos. Se forem ruins, assimilamos, resolvemos, nos adaptamos, aprendemos e seguimos em frente, deixando-os para trás.

> **O MEDO É INSEPARÁVEL; ESTARÁ SEMPRE PRESENTE, QUERENDO OU NÃO.**
>
> — PAULO JAMELLI

CAPÍTULO DOZE

MEDO DOS ATLETAS

> "QUANDO SEUS MEDOS FOREM MAIORES QUE SEUS SONHOS, LEVE TODOS ELES PARA O MAR E OS AFOGUE."
> — ANÔNIMO

O sentimento de medo no esporte pode ter múltiplas causas: medo do fracasso, medo de contusões, medo do vexame, medo da imprensa, medo da família, dos treinadores, dos companheiros e até mesmo medo do sucesso.

Descobrir nossos medos, limpar nossas dúvidas e colocar nossos planos em ação são maneiras de enfrentar e conviver com eles.

Todos nós temos medo e as pessoas ao nosso redor também vivem em um estado permanente de medo. Ele está presente e faz parte do nosso cotidiano; o que varia é a forma como o encaramos.

De um lado, estão aqueles que vivem no pavor e na ansiedade extrema; do outro, aqueles que convivem com um ligeiro desconforto.

Aqueles que sabem conviver com o medo conseguem transformá-lo em uma fonte de energia e superação de limites.

> **A FORMA COMO ENCARAMOS E INTERPRETAMOS O MEDO FAZ TODA A DIFERENÇA EM NOSSA MANEIRA DE VIVER, TREINAR E COMPETIR.**

Uma competição desafiadora, um treino complexo, enfrentar um adversário melhor, mudar de categoria, assumir um time maior, mudar de país — todas essas são oportunidades para superarmos nossos medos e nos tornarmos melhores, mais completos e confiantes.

Nossos desafios são dinâmicos, aparecem a todo momento em diferentes graus de dificuldade, mas nossos desafios internos não mudam. Sabemos quais são e que devemos superá-los.

O medo é uma emoção que, na maioria das vezes, é desagradável. Pode ser provocado por uma sensação de perigo, real ou fictícia, estar no passado, presente ou futuro, e pode ser interpretado de várias maneiras.

O medo pode afastar-nos de nossos objetivos e sonhos ou empurrar-nos para feitos extraordinários, dependendo de como o encaramos e interpretamos.

Quando o medo se torna insuperável em nossa mente, ele se converte em um obstáculo para alcançarmos nossos objetivos e vitórias.

É um sentimento que rejeita o risco, o novo, o desconhecido e o desafio de inovar e superar limites. Porém, quando aprendemos a conviver com ele e aceitamos a situação, descobrimos que ele é nosso aliado, tornando-nos invencíveis.

O medo é inseparável; é nosso companheiro de viagem e estará sempre presente, querendo ou não.

Muitos fatores podem gerar mais ou menos medo, como idade, momento de carreira, maturidade, importância da competição, pressão por resultados e fatores externos como imprensa e redes sociais.

Nós, atletas, sofremos mais pressão externa do que medo interno.

Há tipos distintos de medo: os que não estão sob nosso controle, como mudar de time, se machucar, envelhecer, ser demitido, acidentes, situação familiar e econômica, doenças, perder um ente querido; e os que nos obrigam a tomar decisões, como encerrar um contrato, mudar de cidade por trabalho, falar em público, dizer não para pessoas queridas, repreender atitudes, entrar em conflito por defender valores e ideias.

Nossos medos mostram nosso estado interno de desenvolvimento e como vemos o mundo.

Medo do fracasso, da desaprovação, do julgamento dos outros, do êxito, de ser enganado, deixar uma má imagem, ser traído e sentir-se vulnerável são exemplos de receios maiores que devemos enfrentar primeiro.

Se acreditamos que podemos enfrentar qualquer medo e superar qualquer dificuldade, não precisamos temer nada.

Quando aumentamos a confiança em nós mesmos e em nossos companheiros, as coisas começam a mudar e parece que tudo passa a dar certo, superando barreiras.

Outra emoção que se confunde e potencializa o medo é a ansiedade.

A ansiedade é um grande obstáculo em nossa carreira. Ela tira a concentração, o foco, atrapalha-nos em momentos de dificuldade e nos impede de realizar tarefas simples.

Devemos controlar a ansiedade nas subidas e nossos medos nas descidas, concentrando-nos nos treinamentos e objetivos.

A ansiedade pode até trazer problemas físicos. Sabemos que um dos maiores medos durante nossa carreira é o de lesões.

A saúde está totalmente ligada à nossa parte mental e espiritual. Pensamentos, sentimentos, equilíbrio e saúde emocional estão ligados à saúde física.

> **NOSSO ESTADO MENTAL FAZ PARTE DO PROCESSO DE PREVENÇÃO E RECUPERAÇÃO DE LESÕES, AFETANDO NOSSO METABOLISMO E NOSSA RELAÇÃO COM MEDICAMENTOS E TRATAMENTOS.**

O primeiro passo para aprender a conviver com nossos medos é saber quais são eles. Depois de reconhecer nossos medos, devemos aprofundar nosso interior e ter uma conversa franca conosco.

Os medos aumentam e ficam mais complexos à medida que evoluímos pessoal e profissionalmente, então devemos tomar iniciativas e ações para nos libertarmos da ansiedade e utilizar o medo a nosso favor.

Mudar nossa forma de pensar e encarar desafios é uma maneira de sair da zona de conforto e ter uma nova perspectiva sobre os fatos da vida. Buscar desafios diários, a curto, médio e longo prazo, e comemorar nossas vitórias são atitudes que devemos valorizar.

CAPÍTULO TREZE

CONCENTRAÇÃO / ATENÇÃO PLENA

"UMA MENTE CALMA CURA TUDO."
— **ROBERT BURTON**

No esporte de alto rendimento, os aspectos táticos, técnicos e físicos estão extremamente desenvolvidos e o equilíbrio nesses pontos é enorme.

Atletas com o lado emocional fortalecido e trabalhado são os que obtêm sucesso. Nesse aspecto, o lado mental do atleta, especialmente a concentração, é determinante para a vitória ou derrota.

O atleta concentrado 100% na sua missão tem muito mais chance de sucesso do que aquele que não consegue manter a atenção durante todo o tempo.

O SUCESSO OU FRACASSO ESTÁ INTIMAMENTE LIGADO AO GRAU DE CONCENTRAÇÃO MANTIDO DURANTE A COMPETIÇÃO.

Atenção plena, estado de atenção ampliada, meditação e *mindfulness* são técnicas que podemos utilizar para obter o máximo rendimento e foco antes, durante e depois das competições.

Mindfulness é uma técnica de meditação que visa viver o momento presente, conectar-se consigo mesmo, priorizar o aqui e agora, ter controle sobre si mesmo e seus pensamentos, enviar e receber energia positiva, amar e respeitar sua história, ter uma visão otimista dos acontecimentos diários, permitir novos desafios, interagir com seus companheiros sem julgamentos, superar adversidades, lidar com a pressão de forma construtiva, diminuir a ansiedade, libertar-se de pensamentos e pessoas negativas, aprender a dizer não, entregar-se aos sonhos e acreditar neles.

Para começarmos a entender e praticar a concentração plena, devemos focar em:

- Estabelecer rotinas;
- Viver o momento presente;
- Definir objetivos realizáveis e claros;
- Preocupar-se com a performance, não com o resultado;
- Priorizar um pensamento de cada vez;
- Ter certeza do treinamento e das práticas adotadas;
- Utilizar âncoras de pensamento;
- Motivar-se por meio de palavras-chave;
- Simular situações de jogos;
- Treinar mentalmente;
- Divertir-se jogando e treinando;

- Ter controle dos tempos e situações do jogo;
- Celebrar as vitórias;
- Entender que algumas situações estão fora do nosso controle;
- Dar valor ao silêncio e ao tempo sozinho;
- Agradecer pelas vitórias e derrotas;
- Emanar boas energias aos que estão ao nosso redor.

Essas são algumas atitudes que nos ajudam a nos conectar com nosso ambiente e com nosso entorno por meio da concentração e foco.

> **PLANEJAR E DAR ATENÇÃO PARA PEQUENOS BLOCOS DE TREINOS E ATIVIDADES SÃO IMPORTANTES PARA MANTERMOS NOSSA CONCENTRAÇÃO.**

Dividir em pequenas etapas e desafios faz com que nossa mente fique voltada para conquistas diárias; claro que um planejamento a longo prazo é importante, mas separar em pequenos ciclos é fundamental, dessa forma conseguimos dar atenção e intensidade para cada momento da preparação e da competição, pensar no momento presente e não pensar no restante, nem no resultado.

> **PEQUENAS VITÓRIAS DIÁRIAS NOS DÃO FORÇA PARA SEGUIR NO CAMINHO CERTO.**
>
> — *PAULO JAMELLI*

CAPÍTULO CATORZE

DISCIPLINA

> "TODOS NÓS TEMOS SONHOS.
> MAS PARA TRANSFORMÁ-LOS EM REALIDADE,
> É PRECISO TER UMA QUANTIDADE IMENSA
> DE DETERMINAÇÃO, DEDICAÇÃO,
> DISCIPLINA E ESFORÇO."
> — JESSE OWENS

Nós, atletas, precisamos de várias qualidades para atingirmos um nível de excelência e sermos competitivos, mas a disciplina é a maior competência que devemos ter e cultivar.

O atleta não consegue chegar à plenitude do seu desempenho se não for disciplinado e persistente. Acordar todos os dias e cumprir o plano traçado não é tarefa fácil, necessitando dedicação e empenho. Buscar desculpas para não realizar as tarefas é o caminho mais curto para desistir e não alcançar o objetivo planejado.

Bons comportamentos, atitudes, motivação, coragem, paciência, concentração, boas decisões, resiliência, entrega, comprometimento, paixão, esforço, planejamento, dedicação, atitude, perseverança, criatividade, inteligência, estratégia, amor ao esporte, persistência, respeito e ousadia, entre outras qualidades, ficam em segundo plano se não tivermos disciplina.

> **SEM DISCIPLINA, NÃO CHEGAMOS A LUGAR NENHUM. ELA É A DIFERENÇA ENTRE VITÓRIA E DERROTA, SUCESSO E FRACASSO.**

Devemos focar em resolver os problemas, buscar soluções e superar desafios, o que nos tornará mais fortes e confiantes.

Culpar os outros por dificuldades e obstáculos que encontramos em nossa caminhada é uma forma de fugir da disciplina. Somos responsáveis por nossos êxitos e fracassos.

A perspectiva com que enfrentamos os desafios é a chave para mantermos a disciplina. Enxergar os ensinamentos nas derrotas nos incentiva a continuar motivados e disciplinados.

Viver no presente, estabelecendo metas e objetivos a curto prazo, é uma forma de se manter disciplinado.

Pequenas vitórias diárias nos dão força para seguir no caminho certo.

Viver pensando apenas no passado nos torna deprimidos e viver pensando apenas no futuro nos torna ansiosos e indisciplinados.

CAPÍTULO QUINZE

AUTOCONFIANÇA

"SE VOCÊ NÃO TEM CONFIANÇA,
SEMPRE ENCONTRARÁ UMA MANEIRA
DE NÃO VENCER."
— *CARL LEWIS*

O desenvolvimento da autoconfiança é um dos fatores mais relevantes a serem trabalhados e explorados nos treinamentos mentais e na preparação emocional dos atletas e treinadores.

Um atleta com autoconfiança elevada é capaz de alcançar feitos enormes e ter resultados incríveis, superando expectativas.

Com autoconfiança, os atletas tentam coisas que jamais tentariam se não estivessem confiantes, criando um círculo virtuoso: quanto mais confiança e segurança, mais ousamos; e quanto mais ousamos, melhores resultados conseguimos, o que nos torna ainda mais confiantes.

Quando estamos com autoconfiança elevada, nosso potencial físico, técnico e tático é maximizado, melhorando nossa performance e gerando bons resultados.

Uma atleta que sempre vem à minha cabeça quando penso nisso é a incrível Serena Williams.

Serena é um ícone de superação no mundo do tênis. Nascida em Compton, Califórnia, em uma família humilde, Serena enfrentou inúmeras adversidades desde cedo.

Com o apoio de seu pai, que a treinou junto com sua irmã Venus, Serena ascendeu ao topo do tênis mundial, conquistando vinte e três títulos de Grand Slam em simples.

Além de superar obstáculos financeiros e sociais, ela também enfrentou desafios de saúde, como a embolia pulmonar. Sua resiliência, determinação e talento a transformaram em uma das maiores atletas da história do esporte.

Os obstáculos, problemas e barreiras encontrados dentro de um jogo podem ser encarados de várias maneiras.

Se estamos confiantes, essas dificuldades são superadas e vistas como desafios possíveis de serem vencidos, recarregando nossa motivação e nos tornando praticamente imbatíveis.

> **A PERCEPÇÃO DE QUE NINGUÉM PODE NOS VENCER E QUE SOMOS INVENCÍVEIS É UM ATRIBUTO DA AUTOCONFIANÇA.**

Quando estamos bem, tudo funciona: não ficamos cansados, melhoramos na tomada de decisão, nos concentramos mais, eliminamos o estresse, convivemos melhor com a pressão, acabamos com a ansiedade, eliminamos pensamentos negativos e podemos desfrutar de todo o nosso potencial.

Por fim, mais um exemplo que me ocorre é o da Marta, nossa jogadora.

Marta Vieira da Silva é uma verdadeira lenda que transformou desafios em conquistas brilhantes. Nascida em Dois Riachos, Alagoas, em 1986, Marta cresceu em um cenário onde o futebol feminino ainda lutava para ganhar reconhecimento.

Desde pequena, sua paixão pelo esporte era evidente, mas as oportunidades eram limitadas. Ela enfrentou a falta de recursos e apoio com uma determinação inabalável, jogando com garra e se destacando em cada jogo.

Sua trajetória começou a mudar quando foi recrutada para jogar em clubes de destaque no Brasil e logo seu talento a levou a se destacar no cenário internacional.

No entanto, a jornada de Marta não foi isenta de desafios. Ela enfrentou preconceito, resistência cultural e dificuldades financeiras, mas nunca permitiu que esses obstáculos a desviassem de seu objetivo.

> **A MAIOR VITÓRIA DE UM ATLETA É SABER QUE ELE VENCEU A SI MESMO.**
>
> — PAULO JAMELLI

CAPÍTULO DEZESSEIS

ESPIRITUALIDADE NO COACHING ESPORTIVO

> "NÃO ESTAVA CHOVENDO QUANDO NOÉ CONSTRUIU A ARCA."
> — *HOWARD DUFF*

Sempre que falamos de esporte e competição, logo relacionamos os resultados com crenças, superstições, manias, costumes e religião.

A espiritualidade ou lado espiritual do atleta não tem nada a ver com religião.

Somos corpo, mente e espírito, independentemente de credo ou religião. Tratar da parte mental e emocional do atleta envolve o lado espiritual.

Elevar nossa mente para uma consciência de que somos seres espirituais, não apenas nossa natureza animal, é uma maneira de entendermos e respondermos várias perguntas.

Saber que existe uma extensão do nosso mundo que vai além do nosso ambiente físico e que devemos alimentar e treinar nossa parte espiritual é um grande diferencial. Ressaltando sempre que não tem nada a ver com religião, a espiritualidade é também conectar-se com o universo e suas energias.

Tudo o que desejamos pode ser criado, podemos nos alinhar com a natureza.

As mesmas leis que a natureza utiliza para criar um planeta ou o corpo humano também podem realizar nossos desejos mais profundos.

Se vivermos de acordo com nossas crenças e verdades, nosso verdadeiro eu será nossa referência, não o que está ao nosso redor.

Se nos deixarmos levar pelo exterior e pelo que vemos ao nosso redor, viveremos de acordo com uma máscara social, que muitas vezes não é o que acreditamos e pensamos como nossa verdadeira verdade.

A maior vitória de um atleta é saber que ele venceu a si mesmo.

> **O PODER MENTAL E O DESAFIO DE BUSCAR O LIMITE ENVOLVEM CORPO, MENTE E ESPÍRITO.**

Escutar mais do que falar, não julgar, ser amável, se colocar no lugar dos outros, cuidar bem de si mesmo, trabalhar em silêncio e celebrar em privado, manter-se calmo, não gritar, ter equilíbrio, manter a humildade e ter paz interior são algumas qualidades que podemos desenvolver para melhorar nossa espiritualidade.

PARTE TRÊS
Planejamento de carreira

> **QUANTO MAIS EU TREINO, MAIS SORTE EU TENHO.**
>
> *— ARNOLD PALMER, GOLFISTA*

CAPÍTULO UM

PLANEJAMENTO DE CARREIRA

> "A VIDA NÃO ESPERA POR NINGUÉM, CERTIFIQUE-SE DE QUE VOCÊ ESTÁ CUIDANDO MUITO BEM DE VOCÊ MESMO; SE ACONTECER ALGUMA COISA COM VOCÊ, O MUNDO SEGUIRÁ EM FRENTE E VOCÊ FICARÁ PARA TRÁS. SE NÃO TRABALHAR PARA CONSTRUIR SEUS SONHOS, ALGUÉM VAI TE CONTRATAR PARA CONSTRUIR OS SONHOS DELES."
> — *JORGE COUTINHO*

No esporte, assim como em qualquer outra profissão, ter um plano de carreira é essencial. A trajetória de um jogador e treinador é marcada por incertezas, altos e baixos e momentos bons e ruins. Se não estivermos preparados para enfrentar as dificuldades, nossas chances de sucesso profissional diminuem consideravelmente.

Desenvolver um plano de carreira é fundamental para nos prepararmos para os desafios e visualizar um futuro com segurança. Esse plano reflete o que estamos fazendo e o que desejamos para o nosso futuro.

O AMANHÃ SE CONSTRÓI HOJE E COLHEMOS O QUE PLANTAMOS.

Você tem um plano de carreira? Está seguindo os passos necessários para atingir seus objetivos? Está investindo tempo, energia e dinheiro suficientes para alcançar suas metas? Já pensou em como gostaria de estar financeiramente daqui a cinco ou dez anos?

É crucial não adiar a preparação para a vida pós-carreira de atleta até a aposentadoria. O estudo e a busca por conhecimento devem começar bem antes.

Atualmente, há várias formas de estudar e o ensino a distância facilita a vida de muitos atletas que não podem frequentar escolas e universidades presencialmente, permitindo incorporar o EAD na rotina de treinos, concentrações, viagens e competições.

A preparação para a vida após o esporte de alto rendimento é um assunto de grande importância. As gerações anteriores muitas vezes não se preocuparam com isso e, como resultado, enfrentam dificuldades na vida após a carreira esportiva.

Educação financeira, marketing pessoal, gestão de patrimônio, gestão de grupos e planejamento de carreira são temas essenciais para o sucesso após a retirada do esporte de alto rendimento.

A reputação conquistada como atleta é um diferencial significativo e pode abrir muitas portas em novos setores. No entanto, essa boa reputação sozinha não é suficiente.

> **O PLANEJAMENTO DE CARREIRA É ESPECIALMENTE IMPORTANTE PARA ESPORTISTAS, POIS A CARREIRA DE ATLETA É MUITAS VEZES CURTA.**

Isso obriga o início e a construção de uma segunda carreira por volta dos trinta e cinco ou quarenta anos, um desafio que requer metas bem definidas e estruturadas para manter a imagem e a reputação construídas ao longo dos anos.

Gestão de carreira ou planejamento de carreira envolve a definição de metas e projetos para o futuro do ex-atleta, com base em habilidades, experiências, posicionamento no mercado, sonhos, desejos, objetivos e no legado que queremos deixar.

É claro que criar um plano de carreira não é simples. Para ter sucesso, podemos contar com a ajuda de profissionais que farão as perguntas certas e oferecerão ferramentas e sugestões importantes para encontrar o rumo ideal para nossa vida pós-atleta.

Cada um de nós tem um objetivo pós-carreira, um plano, um sonho ou um desejo, e isso é muito pessoal.

Não há uma receita de sucesso garantida, mas podemos nos atentar a detalhes importantes e comuns a todos.

O primeiro passo é construir um plano de carreira, definir objetivos e prazos, entender nossos desejos e motivações, estruturar bem a parte financeira, buscar autoconhecimento e estar seguros quanto aos investimentos que queremos fazer.

> **A CREDIBILIDADE CONQUISTADA AO LONGO DE UMA CARREIRA COMO ATLETA É UMA QUALIDADE VALIOSA E DEVE SER LEMBRADA.**

A imagem de um atleta responsável, vencedor, honesto, corajoso, humilde e respeitador de regras e processos é uma credencial para diversas funções no mercado e pode abrir muitas portas.

Entre os muitos que atravessaram meu caminho durante minha carreira como jogador, um se destacou como amigo e mentor. Leonardo Nascimento de Araújo, meu companheiro de time no São Paulo, não só compartilhou comigo o mesmo quarto na concentração algumas vezes, como também valiosas orientações. "Preocupe-se com o segundo tempo da sua vida", dizia ele.

Leonardo me aconselhava a estudar e a buscar conhecimento em outras áreas além do futebol e do esporte. Ele me instigava a olhar para o futuro e a me preparar para o que viria quando pendurasse as chuteiras. Naqueles anos 90, quando ainda não dispúnhamos das facilidades que temos hoje, como o ensino a distância, encontrei tempo para aprender e me capacitar.

Leonardo não apenas distribuía conselhos; ele vivia o que pregava. Após se aposentar como atleta, lapidou um pós-carreira brilhante como executivo de futebol, treinador e comentarista. Além disso, domina vários idiomas. Trata-se de alguém que construiu uma trajetória inspiradora para além dos gramados e que me ajudou a enxergar que, quando há planejamento, os horizontes são ilimitados.

> **PODEMOS ENGANAR OS OUTROS, MAS É IMPOSSÍVEL MENTIR PARA NÓS MESMOS.**
>
> — **PAULO JAMELLI**

CAPÍTULO DOIS

VOCÊ TEM UM PLANO DE CARREIRA?

"O ALINHAMENTO DO SER, FAZER E MERECER FAZ VOCÊ CHEGAR A QUALQUER LUGAR."
— *ANÔNIMO*

O sucesso como atleta e treinador não é fruto apenas de talento e determinação. Exige planejamento, foco, estratégia, visão a longo prazo e muita disciplina.

Precisamos investir em nosso plano de carreira, valorizando essa ferramenta para direcionar nossa vida pós-carreira.

Para criar um plano de carreira eficiente, é essencial ter um objetivo claro, alcançável e alinhado com nossos sonhos, crenças e valores.

O plano deve ter um começo, meio e fim, incluir maneiras de medir a evolução e as metas, estar documentado e ser desafiador.

Vou apresentar uma ferramenta que utilizo para alinhar e atualizar meus objetivos. Essa ferramenta é aplicável no esporte e na vida pessoal, a curto e longo prazo, individualmente ou em equipe. Baseia-se em quatro perguntas simples e diretas.

> **UM DETALHE IMPORTANTE É SER HONESTO CONSIGO MESMO.**

Podemos enganar os outros, mas é impossível mentir para nós mesmos. Podemos criar desculpas para encobrir fatos, mas, no fundo, sabemos onde estamos errando. Portanto, sejamos sinceros e enfrentemos as dificuldades de frente, reconhecendo nossas qualidades e pontos a melhorar.

Vamos desenvolver juntos um plano de carreira usando apenas três perguntas.

Pense em um objetivo, seja profissional ou pessoal, que seja palpável e realizável. Não precisa ser fácil, mas também não deve ser impossível. Por exemplo, imagine um treinador fictício que deseja treinar uma equipe da Série A do Campeonato Brasileiro em três anos. Atualmente, ele treina uma equipe sub-20.

Defina um objetivo como técnico de futebol.

Treinar uma equipe da Série A do Campeonato Brasileiro em três anos.

1. O que você faz hoje e deve continuar fazendo para alcançar esse objetivo?

Continue realizando as atividades que você já faz e sabe que está fazendo bem. Isso pode incluir cursos, faculdade, intercâmbio, busca geral por conhecimento, networking, trabalho atual, interação com sua comissão técnica, relacionamento com diretores e gerentes de clubes, assistir a jogos em vídeo e nos estádios, manter um bom relacionamento com jogadores, buscar feedback dos atletas, analisar treinos e tudo o que você sabe que está fazendo corretamente.

2. O que você faz hoje e deve parar de fazer para alcançar esse objetivo?

Identifique atitudes e ações que estão prejudicando seu progresso. Isso pode incluir adiar decisões, culpar os outros por situações adversas, reclamar, esconder-se, ficar em casa, irritar-se ou encontrar desculpas para as dificuldades. É essencial ser honesto consigo mesmo ao fazer uma autoavaliação.

Reconheça o que não está saudável e produtivo para você e que deve ser interrompido imediatamente.

No exemplo do treinador, isso pode significar parar de ouvir opiniões que não contribuem, confiar mais em suas próprias convicções, melhorar hábitos alimentares, evitar fumar, ajustar o horário de sono e evitar críticas infundadas ao trabalho de outros. Faça um exercício de introspecção para identificar e mudar comportamentos prejudiciais e comece a investir em sua evolução.

3. O que você não faz hoje e deve começar a fazer para alcançar esse objetivo?

Identifique as ações que você precisa começar a tomar para evoluir. Isso significa agir, deixar a preguiça de lado e buscar ativamente seu objetivo. Saia da zona de conforto, tome iniciativa, acelere, pare de adiar decisões e acredite que você pode alcançar seus objetivos.

No caso do treinador, isso pode incluir aprender um novo idioma, matricular-se em cursos de aprimoramento, manter-se atualizado, buscar informações, estudar mercados internacionais, fazer estágios com outros treinadores, escrever suas opiniões, manter uma agenda e cumpri-la, contatar pessoas do setor, dar e receber feedbacks, visitar federações e clubes e interagir com profissionais de diversas áreas do futebol para estar bem-informado sobre as práticas atuais.

Dessa forma, seu objetivo se tornará cada vez mais claro.

Para ser um campeão, eu preciso:

Continuar a fazer?
Parar de fazer?
Começar a fazer?

> A QUANTIDADE DE INFORMAÇÃO QUE RECEBEMOS DIARIAMENTE PODE COMPLICAR AINDA MAIS NOSSA JORNADA.
>
> — *PAULO JAMELLI*

CAPÍTULO TRÊS

COMO VOCÊ SE IMAGINA DAQUI A UM, TRÊS, CINCO, DEZ ANOS?

> "OBSERVE SEUS RESULTADOS E SAIBA ONDE CHEGOU! SE NÃO SÃO SATISFATÓRIOS E DESEJA PROVOCAR MUDANÇAS: OBSERVE SEUS PENSAMENTOS, ELES SE TORNAM SUAS PALAVRAS. OBSERVE SUAS PALAVRAS, ELAS SE TORNAM SUAS AÇÕES. OBSERVE SUAS AÇÕES, ELAS SE TORNAM SEUS HÁBITOS. OBSERVE SEUS HÁBITOS, ELES TORNAM QUEM VOCÊ É. OBSERVE QUEM VOCÊ É, COM ISSO VOCÊ PODERÁ MUDAR O SEU DESTINO!"
> — SHANNA MARUN

Ter um plano de carreira claro e bem definido nos proporciona um mapa do que queremos para nossa vida e nosso futuro. Hoje, o ritmo acelerado da sociedade e as mudanças rápidas em nossa vida tornam as decisões cada vez mais complexas.

A quantidade de informação que recebemos diariamente pode complicar ainda mais nossa jornada, exigindo decisões constantes.

Entender como lidar com essas mudanças é essencial para tomar decisões mais conscientes.

Às vezes, as coisas melhoram, pioram ou melhoram e pioram simultaneamente. Por isso, é fundamental usar métodos e ferramentas que ofereçam clareza, autoconhecimento, inteligência emocional e metas claras, sempre alinhadas com nossos valores e crenças.

CAPÍTULO QUATRO

MISSÃO - LEGADO - VALORES - CRENÇA - PROPÓSITO - VISÃO - SIGNIFICADO

> "HÁ SOMENTE DUAS PESSOAS NESTE MUNDO QUE PRECISAM SE ORGULHAR DE VOCÊ. NÃO É SEU PAI, NÃO É SUA MÃE, NÃO É SEU MARIDO OU SUA ESPOSA, NÃO SÃO SEUS FILHOS. É SEU 'EU' COM OITO ANOS DE IDADE E O SEU 'EU' COM OITENTA ANOS DE IDADE. SE ESSAS DUAS PESSOAS ESTÃO FELIZES COM A FORMA QUE VOCÊ VIVEU, SIGNIFICA QUE VOCÊ FEZ TUDO."
>
> — *ANÔNIMO*

Quando falamos de autoconhecimento, missão, valores, legado, sonhos, crenças, propósito e significado de vida, somos levados a uma reflexão profunda para descobrir o papel que desejamos desempenhar nesta jornada na Terra e realmente definir o que dá sentido à nossa vida.

Missão é a nossa razão de ser, o papel que exercemos no presente e no futuro, nossa razão de existir. Ela é o princípio, meio e fim de tudo, guiando nossas ações e atitudes. Nossa missão está relacionada aos nossos talentos, ações e objetivos.

> **QUANDO TEMOS CLAREZA SOBRE NOSSA MISSÃO DE VIDA, ENTENDEMOS NOSSO GRAU DE SATISFAÇÃO, REALIZAÇÃO PESSOAL, FELICIDADE E DISPOSIÇÃO PARA VIVER.**
>
> **NÃO CRIAMOS NOSSA MISSÃO DE VIDA; A DESCOBRIMOS. ELA ESTÁ NO QUE NOS TORNA ÚNICOS E ESPECIAIS.**

Compreender nossa missão de vida nos proporciona uma visão mais ampla de nós mesmos e do mundo ao nosso redor.

Propósito é aquilo que amamos fazer, o que nos enche de entusiasmo e faz nossos olhos brilharem ao contar para alguém. É a razão de nossa existência e a motivação para seguir em frente, tanto na jornada pessoal quanto profissional e espiritual.

> **SEM PROPÓSITO, A VIDA PARECE SEM SENTIDO E A INSATISFAÇÃO PREVALECE. QUANDO ENTENDEMOS O QUE NOS MOTIVA, CONSEGUIMOS VIVER COM PLENITUDE.**

Visão é motivada pela nossa missão de vida e refere-se ao pensamento futuro. É imaginar como queremos ser e estar em um período adiante, fora do presente.

A visão nos guia para alcançar nossos objetivos e sonhos, conectando-nos com quem realmente somos e com o que acreditamos. Ela nos dá direção e cria um significado para a vida, inspirando-nos a agir e realizar nossos sonhos.

Valores são nossas verdades inquestionáveis que orientam nosso pensamento, comportamento e ações. Eles definem quem somos, como vemos o mundo e guiam nossas ações, sendo passados para nossos filhos como verdades universais. Independentemente de quais valores possuímos, todos têm um conjunto de valores que moldam sua vida.

Os valores orientam como interagimos uns com os outros e com o mundo.

> **EMBORA FREQUENTEMENTE DISCUTAMOS VALORES DE EMPRESAS E INSTITUIÇÕES, É ESSENCIAL REFLETIR SOBRE NOSSOS PRÓPRIOS VALORES PESSOAIS.**
> **ELES SÃO FUNDAMENTAIS PARA ALCANÇAR RESULTADOS SIGNIFICATIVOS E VIVER UMA VIDA COM PROPÓSITO.**

Identificar a importância de aspectos como saúde, finanças, trabalho, relacionamentos e espiritualidade é parte do processo de autoconhecimento e busca de valores. Perguntas como "Quais são os valores que guiam sua vida?" e "O que é mais importante para você?" ajudam a entender o que orienta suas decisões e ações.

Crenças são verdades pessoais que podem ser motivadoras ou limitantes. Algumas pessoas enfrentam dificuldades porque acreditam em suas próprias limitações, o que gera medo e dificuldade em superar desafios.

QUANDO GOSTAMOS DO QUE FAZEMOS, A VIDA PARECE MAIS LEVE E OS DESAFIOS SÃO MAIS FACILMENTE SUPERADOS.

Muitas vezes, sabemos o que não gostamos de fazer, mas não buscamos o que realmente gostamos. Ficar preso a situações que poderiam ser mudadas e culpar o destino, chefe, pais ou o tempo são desculpas para não buscar a felicidade.

Um exercício útil é fazer perguntas diretas sobre o que entendemos ser uma vida prazerosa e útil. Isso ajuda a descobrir respostas que estavam esquecidas em nossa mente.

Descobrir nossa missão, legado, crenças e sentido da vida é uma relação pessoal e íntima.

Viver uma rotina sem sentido não recompensa nossos esforços e a sensação de falta pode persistir, mesmo com sucesso profissional e fama.

Responder a perguntas importantes pode direcionar seu destino e maneira de agir:

Qual a palavra ou frase que te representa na vida?
O que você mais gosta de fazer no seu tempo livre?
Como você quer ser lembrado?
Onde estão seus sonhos?
O que te faz despertar pela manhã com vontade de viver?
Como você se sente quando supera um desafio?
Qual o propósito da sua vida?
O que você está construindo ao longo da vida?
Qual é a sua razão de existir?
Como você quer ser lembrado depois de partir?
O que guia seus pensamentos?
Qual é seu maior sonho?

Por que você existe?
Por que estamos vivos neste planeta?
O que você faz e para quem?
Se você não existisse, que falta faria?
Quais papéis você exerce hoje?
Por que você nasceu?
O que é importante para você?
Quem estará do outro lado te esperando?
O que faz você acordar todos os dias?
Que legado você quer deixar no mundo?
Você está usando todo o potencial da sua existência?
Você usa sua vida para o bem?
Como seria sua vida ideal?
Como seria sua vida se pudesse voltar no tempo e mudar algumas decisões?
Pelo que você vive?
O que te motiva a ir além?
Se encontrasse um gênio da lâmpada e pudesse fazer três pedidos, quais seriam?

> **SOMOS O RESULTADO DAS NOSSAS CRENÇAS, HABILIDADES, VALORES E EXPERIÊNCIAS.**

Nossas crenças funcionam como carimbos que direcionam nossas vidas, permitindo agir de maneiras específicas. Nossa identidade pessoal é formada por aquilo que acreditamos ser ideal e correto, moldada pela nossa infância, ensinamentos dos pais, cultura e outros fatores.

Quando damos sentido à nossa vida, focando em nossa missão, usamos todo o potencial infinito que existe em nós. O legado é o propósito de vida que deixa uma marca duradoura, dependendo da relevância da nossa missão.

Viver nossa missão e dar sentido à nossa existência deixam um legado de felicidade, prosperidade, respeito e amor.

Após nossa partida, é importante que sejamos lembrados com respeito pelo impacto que causamos e pela marca que deixamos nas pessoas.

CAPÍTULO CINCO

QUAL VAI SER SEU DISCURSO
NA SUA FESTA DE OITENTA ANOS?

"QUANDO O MODELO DE VIDA LEVA A UM
ESGOTAMENTO, É FUNDAMENTAL
QUESTIONAR SE VALE A PENA SEGUIR
NO MESMO CAMINHO."

— *MARIO SERGIO CORTELLA*

No final das contas, tanto na vida quanto no esporte, o importante é olhar para trás com a certeza de que nos esforçamos para fazer o melhor, vivemos de acordo com nossos valores e visões, cumprimos nossa missão e deixamos um legado enriquecedor que inspirará outras pessoas.

Vivemos com intensidade, amor, paixão e lealdade. Momentos negativos e positivos fazem parte da jornada;

ciclos vêm e vão e tanto derrotas quanto vitórias surgem ao longo da vida. O essencial é que nossa existência tenha valido a pena.

Faça um exercício de escrever abaixo o discurso da sua festa de 80 anos:

....
....
....
....
....
....
....
....
....
....
....
....
....
....
....
....
....
....
....
....
....
....
....
....

CAPÍTULO SEIS

LISTA DAS CINQUENTA METAS

> "MENSURÁVEL
> ESPECÍFICO
> TEMPO
> ACESSÍVEL
> SIGNIFICATIVO."
> — *MARISELA REYES, PALESTRANTE MOTIVACIONAL*

Na vida, enfrentamos desafios e barreiras diariamente; no esporte, esses obstáculos são ainda mais intensos. Estabelecer metas é uma forma de nos conectarmos com essa rotina e superá-la.

O exercício das cinquenta metas nos ajuda a mapear o que queremos alcançar a curto, médio e longo prazo.

Devemos definir metas que sejam: tangíveis, realizáveis, positivas, concretas, com sentido para nós, que envolvam nossos sentidos (como som, imagem e cheiro) e focadas no que queremos alcançar, não no que queremos evitar.

> **AS METAS DEVEM DEPENDER APENAS DE NÓS, PERMITIR MEDIR NOSSO PROGRESSO E SINALIZAR SE ESTAMOS NO CAMINHO CERTO.**

Além disso, é importante considerar prazos e alternativas (plano B) caso a jornada para alcançá-las não esteja indo conforme o esperado; fazer pequenos ajustes e mudanças é fundamental para atualizarmos nossas metas e conseguir realizá-las. Lembre-se de que o objetivo é um conjunto de metas, em que as metas são micro e o objetivo é macro.

Fica aqui o convite para que você separe uma folha de caderno, faça as suas cinquenta metas e as consulte sempre que possível.

CAPÍTULO SETE

LISTA DO PERDÃO

"SE PERDOE. VOCÊ, NAQUELE MOMENTO, NÃO TINHA A MATURIDADE QUE TEM HOJE. TEMOS QUE TER A CORAGEM DE ADMITIR QUE PODEMOS SER IMPERFEITOS E SOMOS PASSÍVEIS DE ERROS EM ALGUMAS CIRCUNSTÂNCIAS, TEMOS DEFEITOS E PODEMOS CORRIGI-LOS."
— *PAULO JAMELLI*

Refletir sobre nossos erros, pedir perdão e reconhecer faltas e injustiças são formas de nos limparmos mental e espiritualmente, renovando nossas energias. Pedir perdão a pessoas que magoamos, ofendemos ou maltratamos alivia nosso coração e mente, permitindo que essas pessoas sigam seu caminho sem culpa.

O pedido de perdão pode ser feito pessoalmente, por telefone, mensagem, bilhete ou qualquer outra forma que mostre claramente que reconhecemos nossos erros e estamos arrependidos.

O autoperdão também é crucial para corrigir falhas e injustiças que cometemos contra nós mesmos. Muitas vezes, nos cobramos injustamente por nossas ações e decisões. O autoperdão é um sinal de maturidade e inteligência, permitindo-nos examinar e ressignificar nossas atitudes. Perdoar a nós mesmos é uma forma de evolução, de abandonar nossa culpa, virar a página e aprender com nossos erros. É compreender que não somos perfeitos, que somos passíveis de equívocos e que passamos por momentos infelizes, de arrependimento e de erros, mas que saber se perdoar é uma prova de amadurecimento e maturidade.

O que você gostaria de se autoperdoar?

....
....
....
....
....
....
....
....
....
....
....
....
....
....

CAPÍTULO OITO

VALE MAIS O CAMINHO QUE O DESTINO

> "A VIDA NÃO SE TRATA DE PRINCÍPIO OU FINAL; DE COMO COMEÇAMOS E COMO ACABAMOS. SE TRATA DE TODO O DEMAIS, O QUE EXISTE E ACONTECE ENTRE O COMEÇO E O FIM, COMO VIVEMOS ESSE INTERVALO."
> — *PAULO JAMELLI*

Muitas vezes, enfrentamos situações que colocam nossos valores à prova. Propostas, acordos e negócios que vão contra nossas crenças, propósitos e caráter nos colocam em encruzilhadas.

Como lidar com isso?

Vale tudo para alcançar nossos objetivos?

Os fins justificam os meios?

O caminho que trilhamos é mais importante do que o destino final?

Devemos desfrutar da jornada ou focar apenas em chegar ao destino?

Colhemos o que plantamos, tanto no esporte quanto na vida. Como você está se relacionando com suas atitudes internas? Elas estão alinhadas com o legado que deseja deixar? Você está no caminho certo para isso?

> **AGIR DE ACORDO COM NOSSOS VALORES, PROPÓSITOS E CRENÇAS DEVE PARTIR DE NOSSA PRÓPRIA INICIATIVA, NÃO DEPENDE DE FATORES EXTERNOS. É UMA QUESTÃO DE TRANSFORMAÇÃO INTERIOR, DE NOS TORNARMOS AQUILO QUE QUEREMOS SER.**

No esporte, muito se fala a respeito do *fair play*, ou jogo limpo. Um exemplo clássico é o gol de mão de Maradona contra a Inglaterra durante as quartas de final da Copa do Mundo de 1986. O momento histórico ficou conhecido como *La mano de Dios*, ou A mão de Deus, já que, ao final da partida, o argentino declarou: "Marquei um pouco com a cabeça e um pouco com a mão de Deus".

Maradona se serviu de um procedimento irregular para enganar o árbitro e fazer o gol, uma atitude que suscitou muitos debates a respeito de ética e princípios.

Esta discussão pode inclusive extrapolar as quatro linhas do futebol. No dia a dia, quebrar regras e desrespeitar leis não devem ser normalizados como comportamentos aceitáveis. Usar o acostamento para ganhar tempo, por exemplo, pode ser tolerado numa situação de emergência, mas corriqueiramente não.

Portanto, a conclusão a que chegamos é que, sim, o caminho importa mais do que o destino. E percorrê-lo com sabedoria e integridade sempre será mais recompensador.

CAPÍTULO NOVE

REDIRECIONAR E REPROGRAMAR A MANEIRA DE ENXERGAR E SENTIR A VIDA

> "MAIS IMPORTANTE DO QUE SABER PARA ONDE IR É SABER PARA ONDE NÃO QUERO VOLTAR."
> — *ANÔNIMO*

Você está realmente satisfeito com a vida que leva? Com seu trabalho? Com a atividade que está realizando? Faça uma reflexão profunda sobre isso. Lembre-se de que não é possível enganar a si mesmo, não importa o quanto tentemos.

Após essa reflexão, considere se você tem energia para ir trabalhar. Pode mudar essa situação? Tem alguma escolha? Você está desfrutando dos momentos de trabalho ou isso se tornou um sacrifício diário? Você sente que tem que "matar um leão por dia" e não vê a hora de voltar para casa? Pode expressar seus sentimentos? Está satisfeito?

Você está contribuindo positivamente para o mundo ao seu redor ou está apenas aumentando a montanha de negatividade? Está ajudando a limpar o ambiente com boas vibrações e entusiasmo ou apenas intensificando a sujeira?

> **SOMOS RESPONSÁVEIS PELOS PENSAMENTOS E ENERGIAS QUE TROCAMOS COM OS OUTROS E COM O UNIVERSO.**

CAPÍTULO DEZ

MINDSET

> "PARA SE TER SUCESSO EM QUALQUER RAMO DA NOSSA VIDA, TANTO PROFISSIONAL QUANTO PESSOAL, É FUNDAMENTAL ESTARMOS ATENTOS A NOSSOS PENSAMENTOS."
>
> — *ANÔNIMO*

O mindset, ou mentalidade, é a maneira como pensamos, nossa ideologia, nossas verdades. Reflete o que consideramos correto e a forma como enxergamos a vida, revelando muito sobre nosso caráter, crenças, valores e atitudes.

Nosso mindset guia nossas decisões e ações.

Quando temos clareza sobre nosso mindset, é mais fácil entender a nós mesmos e ajustar nossas ações. Evoluir nossa forma de pensar, estar abertos a mudanças e expandir nossa mentalidade faz parte do nosso processo de evolução.

Vivemos em uma sociedade dinâmica, que varia de acordo com a cultura, costumes e hábitos de cada local.

Também devemos considerar as fases da nossa vida, o contexto em que vivemos e o nível de amadurecimento que atingimos.

> **O APRENDIZADO É DIÁRIO E, PARA APRENDER, DEVEMOS ESTAR CONSCIENTES DOS NOSSOS ERROS E ACERTOS.**

Focar no positivo, enxergar a vida sob novas perspectivas, estar abertos a energias agregadoras e manter a autoestima elevada são essenciais. Devemos dedicar-nos ao que é realmente importante, mantendo disciplina, ressignificação e resiliência para nosso crescimento em todos os aspectos.

Aprender com nossos erros, perdoar, buscar novos desafios e sonhar são ingredientes para superar dificuldades e mudar o curso da nossa história.

> **EMBORA NÃO POSSAMOS MUDAR O PASSADO, PODEMOS MOLDAR NOSSO FUTURO; O AMANHÃ ESTÁ EM NOSSAS MÃOS.**

Todos somos capazes de fazer melhor e diferente, basta acreditar. Se continuarmos fazendo as mesmas coisas, obteremos os mesmos resultados. Porém, se ousarmos inovar, buscar novas soluções, estudar e aplicar o que aprendemos, obteremos resultados diferentes.

Precisamos entender a importância de mudar hábitos, superar limites autoimpostos e alterar nossa visão de vida. Mudar nossa programação mental e a troca de energia com os outros demonstra que estamos maduros e preparados para uma vida de sucesso e vitórias.

Quando mudamos nossos pensamentos, emoções e sentimentos, os resultados se manifestam. Desapegar de velhas crenças e aceitar as incertezas da vida ajudam na transformação do nosso mindset.

> **TUDO AQUILO EM QUE COLOCAMOS MUITA ENERGIA E ATENÇÃO TENDE A SE CONCRETIZAR. O RESULTADO REFLETE A INTENÇÃO QUE COLOCAMOS.**

A carreira de atleta e treinador é um desafio emocionante e devemos valorizar e agradecer por essa oportunidade. Trabalhar duro para alcançar nossos objetivos é um presente, não um castigo, e vale a pena lutar por nossos sonhos e ideais.

Frequentemente, criamos obstáculos que não existem, frutos da nossa mente. Desapegar e deixar fluir são formas de mudar o mindset, ter um propósito para nos motivar a despertar e treinar já é um passo importante na nossa jornada. Aceitar em vez de resistir e transformar as lições da caminhada em aprendizado são formas de seguir em frente.

Transformar obstáculos em oportunidades de crescimento indica que estamos no caminho certo.

> **TER UMA PROGRAMAÇÃO MENTAL CLARA E DINÂMICA EM RELAÇÃO À VIDA É UM SINAL DE EVOLUÇÃO.**

Para abraçar essas mudanças na forma de encarar a vida, devemos priorizar a busca por aprendizado e sabedoria. Começar a aprender coisas novas exige curiosidade, perguntas, informações, conversas com pessoas experientes, leitura e escrita. Mudar nossa perspectiva e estar abertos a novas opiniões e culturas nos ajudam a expandir nossos horizontes.

A criatividade é fundamental nessa busca por sabedoria. Encontrar novas soluções para problemas antigos é um exercício que nos ajuda a romper barreiras e deixar paradigmas para trás.

Independentemente de serem bons ou ruins, positivos ou negativos, vigiar nossos pensamentos é essencial. Recebemos o que emanamos; se transmitirmos energia positiva, receberemos a mesma vibração em retorno.

Trabalhar e concentrar-se em boas atitudes, sem focar exclusivamente no objetivo final, trazem resultados. Outra virtude importante é a coragem: coragem para agir, persistir, sair da inércia, dizer não e tomar atitudes, ter integridade e fé para seguir nossas convicções, não desviar do propósito, valores e missão.

> **PARA REALIZAR QUALQUER COISA, PRECISAMOS DE CORAGEM.**

Temos dificuldade em concluir o que começamos. Encarar a vida com vitalidade e energia e evitar deixar assuntos inacabados ou procrastinar também são formas de coragem.

> **CORAGEM É ENFRENTAR OBSTÁCULOS, DEFENDER OPINIÕES E LUTAR POR CONVICÇÕES, MESMO DIANTE DE OPOSIÇÃO.**

É tomar atitudes impopulares para defender nossas crenças e valores e lutar contra injustiças, defender o próximo e ser autêntico.

Nessa jornada de revisão do mindset, o lado humano é crucial. Relacionar-se, compartilhar alegrias e tristezas e expressar amor, humildade, compaixão e empatia são essenciais. Aceitar nossa vulnerabilidade como uma virtude facilita o perdão dos outros, reconhecendo que eles também não são perfeitos.

Ser justo é uma qualidade que devemos buscar em todos os nossos atos. No esporte, que envolve estreitos laços e dependência aos outros, a justiça nas relações é fundamental para o trabalho em equipe e no convívio entre jogadores e treinadores. Essa confiança é fundamental para um bom relacionamento no dia a dia de treinos e competições. Quando um jogador não confia no seu treinador ou se sente traído, ele não consegue ter tranquilidade e paz para realizar seu trabalho. Além disso, começa a disseminar boatos, inverdades e vibrações negativas para os demais integrantes da equipe, gerando incertezas e dúvidas sobre o caráter do treinador.

> **EQUILÍBRIO, EQUIDADE, CLAREZA, SINCERIDADE, CONFIANÇA E CREDIBILIDADE SÃO ESSENCIAIS PARA O SUCESSO.**

Tratar todas as pessoas com respeito e justiça é vital. Não precisamos tratar todos igualmente, pois cada pessoa tem sentimentos e necessidades diferentes. Devemos tratar todas com respeito e igualdade, sem permitir que julgamentos e sentimentos anteriores interfiram em nossa conduta.

Examinar todos os lados, considerar todas as possibilidades e evitar conclusões precipitadas são formas de sermos justos e evitarmos injustiças. Medir as palavras e ser prudente nas atitudes são fundamentais, pois, uma vez ditas, as palavras não podem ser retiradas.

Treinadores, jogadores e atletas precisam de autocontrole a todo momento. Saber perdoar, manter a mente clara, ser prudente e demonstrar essas virtudes em momentos de crise e tensão são essenciais.

> **UM BOM LÍDER É TESTADO EM MOMENTOS DE DIFICULDADE E É NESSES MOMENTOS QUE NOSSA VERDADEIRA NATUREZA SE REVELA.**

Perdoar erros, aceitar imperfeições e dar segundas chances são oportunidades para rever nossos pensamentos. Demonstrar essas mudanças com ações e atitudes é fundamental para validar nossos pensamentos.

A possibilidade de enxergar além do humano e buscar transcendência e conexão com o universo e outras realidades é uma forma de ressignificar o mindset. Ter gratidão, apreciar a beleza e celebrar pequenas conquistas contribuem para uma vida mais rica.

Ter fé e esperança em um futuro melhor é essencial para mudar o mindset, mas isso deve ser praticado com ações concretas, como uma palavra de elogio, um sorriso ou uma gentileza.

Essas pequenas ações ajudam a tornar nosso dia melhor e a criar uma vida de sucesso.

CAPÍTULO ONZE

CORAÇÃO, PERNAS E CABEÇA, TUDO INTEGRADO

> *"EM DIA DE VITÓRIA, NINGUÉM FICA CANSADO."*
> — *PROVÉRBIO ÁRABE*

Nosso corpo é uma máquina completa e perfeita, que precisa de cuidados e atenção. Quanto mais controle tivermos sobre ele, melhor estaremos preparados.

A prevenção de lesões, fortalecimento, exercícios físicos e a preparação para treinamentos, jogos e competições são essenciais. Até nosso sistema imunológico funciona melhor quando estamos fisicamente bem preparados.

Nosso corpo é uma engrenagem que precisa ser lubrificada e mantida adequadamente para funcionar 100%.

Devemos emanar energias positivas e criar um escudo invisível ao nosso redor.

Vibrando numa frequência elevada e com saúde, nos tornamos mais fortes, confiantes e seguros. Isso é fundamental para uma performance extraordinária, mas se os lados emocional e espiritual não estiverem equilibrados, nada disso funciona.

Não jogamos apenas com o corpo.

Cabeça, pulmões, pernas e coração são instrumentos regidos pelo cérebro. Se a mente não estiver bem, não importa o quanto sejamos bons tecnicamente, o quanto estudamos ou treinamos taticamente, nem o quanto estamos fortes e preparados fisicamente — não vamos render o suficiente para alcançar vitórias.

> **OS ASPECTOS MENTAIS E EMOCIONAIS SÃO O GRANDE DIFERENCIAL NOS ESPORTES DE ALTO RENDIMENTO.**

Por que às vezes vemos atletas e equipes inferiores vencerem equipes superiores? Por que muitas vezes dizemos que um time "não deu liga"? Ou que um jogador caiu de rendimento por não estar com a "cabeça boa"?

O equilíbrio entre equipes e atletas no mundo competitivo é gigantesco. Pequenos detalhes, milímetros, frações de segundos, gramas fazem a diferença entre ganhar e perder. Por isso, treinadores e jogadores estão cada vez mais focados no desenvolvimento intelectual, na gestão emocional, no controle da pressão e estresse, na energia, no mindset, na maneira de enfrentar desafios e superar barreiras, utilizando toda a força mental a seu favor.

O treinamento e preparação mental são o novo desafio a ser superado por atletas vencedores.

O que um dia foi a preparação física, o estudo do jogo e dos adversários, as novas técnicas de treinamento, a fisiologia, a tecnologia do movimento e outras ferramentas de aprimoramento, hoje se concentra no lado emocional, mental e espiritual.

O atleta deve ser um conjunto integrado, com corpo, mente e espírito trabalhando harmoniosamente em prol do resultado e performance. Só coração e corpo não bastam; cabeça e mente também são necessárias.

> **NÃO ESPERE A FASE FINAL DA CARREIRA PARA COMEÇAR O PLANEJAMENTO FINANCEIRO.**
>
> — *PAULO JAMELLI*

CAPÍTULO DOZE

PLANEJAMENTO FINANCEIRO

> "SE VOCÊ NÃO VÊ GRANDES RIQUEZAS NA SUA IMAGINAÇÃO, NUNCA VERÁ RIQUEZAS EM SUA CONTA BANCÁRIA."
> — NAPOLEON HILL

O planejamento financeiro na carreira dos atletas é um tema polêmico e de difícil compreensão, pois cada caso é único, com realidades completamente distintas, o que abre margem para diversas opiniões e interpretações.

Normalmente, atletas de alto rendimento têm uma carreira curta e intensa, deixando de competir numa idade precoce, com toda a vida ainda pela frente.

Altos salários e excelentes remunerações são privilégios de uma minoria. Nem todos têm grandes patrocínios, salários e premiações.

> **PRECISAMOS PLANEJAR A CARREIRA PARA DEPOIS DA APOSENTADORIA COMO ATLETA. POR ISSO, É ESSENCIAL ESTAR ATENTO AO PLANEJAMENTO FINANCEIRO.**

Planejar um futuro financeiro estável, claro e definido é uma das prioridades desde o início da carreira. As dificuldades em estudar, obter conhecimento e se preparar para essa segunda etapa da vida são evidentes e, muitas vezes, só percebemos isso no momento em que paramos.

Somos bem-remunerados num curto espaço de tempo, muito jovens, e tudo o que acumulamos pode acabar rapidamente se não tivermos um planejamento responsável, com regras claras para administrar os bens conquistados e sua posterior aplicação.

A rotina de treinos, viagens e competições muitas vezes nos deixa sem tempo para pensar sobre isso.

O auge dos atletas profissionais, no futebol, é entre os vinte e cinco e trinta e dois anos e a carreira normalmente se encerra entre os trinta e quatro e trinta e oito anos.

> **A SUGESTÃO É AMPLIAR O CONHECIMENTO SOBRE GESTÃO E FINANÇAS E PROCURAR PROFISSIONAIS COMPETENTES E INSTITUIÇÕES DE CREDIBILIDADE PARA AJUDAR NA ADMINISTRAÇÃO DOS RECURSOS ADQUIRIDOS DURANTE A CARREIRA.**

Não espere a fase final da carreira para começar o planejamento financeiro. Utilize a fase de transição e tome decisões ainda como atleta; o processo deve ser iniciado muito antes do dia de "pendurar as chuteiras".

Essa iniciativa garante a segurança e o crescimento do patrimônio. Especialistas no setor são essenciais para as aplicações corretas do nosso dinheiro.

Muitas vezes, não entendemos que isso não é um gasto, mas sim um investimento. Remunerar esses profissionais é justo e necessário. Uma visão a curto, médio e longo prazo evita riscos e garante uma aposentadoria sem sobressaltos e dificuldades, evitando assim a vulnerabilidade a imprevistos.

> **PAIS E FILHOS DEVEM DESFRUTAR DO ESPORTE COMO UMA MANEIRA DE ESTREITAR AS RELAÇÕES E CRIAR VÍNCULOS.**
>
> — *PAULO JAMELLI*

CAPÍTULO TREZE

RELAÇÃO PAIS E FILHOS NO ESPORTE

> "APRENDER JOGANDO E SE DIVERTINDO: ESSE PRINCÍPIO TEM QUE ESTAR NA BASE DE TODOS OS PROGRAMAS DE TREINAMENTO DAS EQUIPES DAS CATEGORIAS DE BASE QUE TRABALHAM COM FUTEBOL E SEUS PAIS TÊM QUE ENTENDER ESSA ETAPA."
> — *CONGRESSO CONMEBOL 2024*

Quando começamos a jogar futebol ou a praticar outra modalidade esportiva, muitas vezes é por influência dos nossos pais. Iniciamos na infância, sem a real certeza de qual esporte gostamos mais ou com qual nos adaptaremos melhor.

O ideal seria que a criança ou adolescente passasse por várias experiências esportivas para descobrir de qual gosta mais e em qual tem mais aptidão. Mas nem sempre é assim.

Os pais escolhem o esporte que os filhos vão praticar com base em suas próprias experiências ou frustrações, depositando neles toda a expectativa de que se tornem campeões.

No futebol, há ainda um componente adicional: a ideia de ter um craque em casa, apostando que, com a evolução e sequência dos anos, essa criança se tornará um trampolim para a riqueza e a fama.

> **O TRABALHO DO TREINADOR E, ESPECIALMENTE, DO COACHING ESPORTIVO É FUNDAMENTAL NESSA FASE DE DESENVOLVIMENTO DO FUTURO ATLETA, TANTO COM ELE QUANTO COM A FAMÍLIA.**

O amadurecimento desse jogador deve ocorrer em um ambiente saudável e favorável. O jovem deve sentir prazer em praticar o esporte; deve ser uma atividade saudável, prazerosa e edificante, e não uma obrigação ou castigo.

> **NO ESPORTE, AGREGAMOS CONDUTAS, VALORES E HÁBITOS QUE LEVAMOS PARA O RESTO DA VIDA.**

Comprometimento, respeito aos horários, regras claras, hierarquia, disciplina, ética e trabalho em equipe são pontos que o atleta aprende desde cedo a compartilhar.

As frustrações nas derrotas e as alegrias nas vitórias são exemplos superdimensionados na vida do atleta; a convivência com esses sentimentos é um fator de aprendizado e evolução, tanto na vida esportiva quanto na vida pessoal.

> **QUANDO OS PAIS COLOCAM MUITA PRESSÃO SOBRE SEUS FILHOS, COM COBRANÇAS E EXIGÊNCIA DE RESULTADOS, ESSA RELAÇÃO ENTRA EM DESEQUILÍBRIO E SE TORNA TÓXICA, IMPRODUTIVA E NEGATIVA PARA AMBOS OS LADOS.**

Os pilares dessa relação devem ser coerentes, estabelecidos com inteligência e equilíbrio e compartilhados com os treinadores. A linha entre o ideal e o excesso é tênue e cruzá-la pode determinar o sucesso ou o fracasso.

Outro ponto de atrito é a relação entre pais, treinadores, diretores e clubes. Cobranças porque o filho não joga na posição ideal, não é titular ou está sendo injustiçado, podem gerar desconforto para a criança e, em alguns casos, até levar ao abandono da prática esportiva.

A pressão dos pais sobre as crianças, exigindo mais empenho, mais agressividade, correr, lutar e competir com mais energia, gera uma confusão mental nesses meninos e meninas, deixando-os em situações de total desequilíbrio, desconforto e sem rumo.

A dificuldade de determinados pais em confiar nos treinadores e deixá-los trabalhar com seus filhos é comum e, em alguns casos, chega a ser estressante e insuportável. Alguns pais acreditam que entendem mais que os técnicos e que podem fazer melhor.

Permitir que os profissionais façam seu trabalho sem interferências e interrupções é uma norma que deve ser aplicada em todas as modalidades e idades do processo de formação da criança.

Os erros e acertos fazem parte do processo evolutivo do jovem; ele deve passar por essas experiências e sentimentos, mesmo que pareça que, em algumas situações, poderia ser poupado. Só assim ele aprenderá e dará valor em momentos futuros.

Há pais que, de acordo com a evolução da carreira do atleta, se tornam empresários dos próprios filhos. Essa relação é benéfica ou prejudicial? Até que ponto ajuda ou atrapalha?

Ao longo dos anos, acompanhamos casos de muito sucesso com pais que gerenciam a carreira dos filhos e que, sem essas intervenções, o sucesso não teria chegado. Mas também vimos casos em que a relação entre pai e filho se deteriorou, tornou-se insustentável, acabou mal e gerou problemas entre atleta, clube e treinador.

A dificuldade de comunicação entre gerações sempre foi um assunto polêmico e controverso, mas, devido aos avanços da sociedade nos últimos anos, essa lacuna está cada vez maior.

Nas categorias de base dos clubes, há perguntas que precisam ser respondidas e os pais e atletas devem ter clareza nessas respostas. Num primeiro momento, o esporte deve ser uma ferramenta de inclusão social, saúde, educação e interação entre crianças e famílias.

Algumas dessas perguntas são:

- Devemos revelar jogadores ou ganhar títulos?
- Qual a função principal das categorias de base da nossa equipe?
- Ganhar ou desfrutar do jogo?
- Vale a pena competir a todo custo nessa faixa etária?
- Como educar nossos filhos e atletas?
- Como podemos utilizar o esporte para potencializar os valores das nossas crianças?

> **NO FUNDO, OS TREINADORES SÃO REFERÊNCIAS PARA ESSES JOVENS E SERVEM COMO EXEMPLO. A INFLUÊNCIA DOS TREINADORES VAI ALÉM DOS TREINAMENTOS FÍSICOS, TÁTICOS E TÉCNICOS; ELES SÃO EXEMPLOS PARA TODA A VIDA.**

Pais e filhos devem compartilhar bons momentos juntos e desfrutar do esporte como uma maneira de estreitar as relações entre eles e criar vínculos.

Felizmente, ao longo da minha trajetória como esportista, sempre pude contar com o apoio incondicional da minha família. Quando precisei escolher entre seguir minha carreira no Japão ou abrir mão de vestir a camisa da Seleção Brasileira, o suporte dos meus pais e de meu irmão se revelou crucial. A presença deles me fez constatar que, independentemente da decisão que tomasse, eu jamais ficaria sozinho e estaria cercado pelas pessoas que me amavam e acreditavam em mim.

Como eu, há muitos outros atletas que encontraram nas suas famílias a base para o sucesso. Um exemplo é o ex-jogador Juninho Paulista, cuja carreira foi sempre marcada pela presença constante de seu pai, Seu Oswaldo. Da mesma forma, outros atletas são acompanhados pelos pais e mães. Eles são provas de que o respaldo familiar pode alicerçar trajetórias exitosas.

Entretanto, é preciso reconhecer que há casos em que essas relações podem ficar estremecidas se os envolvidos não souberem estabelecer limites entre família e carreira. Pais bem-intencionados podem, às vezes, criar mais dificuldades do que soluções. Nessas circunstâncias, torna-se fundamental tomar atitudes para dissolver esses atritos, equilibrar apoio e independência e preservar os laços afetivos e o sucesso profissional.

> **O TEMPO PRESENTE É O ÚNICO QUE REALMENTE PODEMOS VIVER.**
>
> — PAULO JAMELLI

CAPÍTULO CATORZE

VIVER O TEMPO PRESENTE

> "LUTE COM DETERMINAÇÃO. ABRACE A VIDA COM PAIXÃO, PERCA COM CLASSE E VENÇA COM OUSADIA, PORQUE O MUNDO PERTENCE A QUEM SE ATREVE E A VIDA É MUITO PARA SER INSIGNIFICANTE."
> — *CHARLES CHAPLIN*

O desempenho dos atletas depende de vários fatores; um deles é a convivência com a ansiedade. Se focarmos apenas no futuro, viveremos eternamente ansiosos; se estivermos presos ao passado, corremos o risco de cair em depressão.

O tempo presente é o único que realmente podemos viver. Não podemos voltar ao passado, nem pular para o futuro; só temos o agora.

> **EMBORA POSSAMOS NOS LEMBRAR DO PASSADO E PROJETAR O FUTURO, NOSSAS AÇÕES SÓ PODEM ACONTECER NO PRESENTE. NOSSA MENTE TENDE A ESCAPAR DESSE MOMENTO, REFUGIANDO-SE NO PASSADO OU NO FUTURO, MAS ISSO APENAS NOS ENGANA E ADIA NOSSAS DECISÕES.**

Concentrar-se no presente, no que estamos vivendo hoje, é uma maneira de evitar ansiedade, preocupação, estresse e tensão. Se vivermos com a mente no futuro, é isso que acontecerá. Por outro lado, pensamentos fixos no passado trazem tristeza, amargura, depressão, culpa e arrependimento.

Nosso passado e experiências moldam nossa conduta no presente. Tudo o que acumulamos desde a infância serve de alicerce para o que estamos vivendo agora. Nossa memória guarda essas vivências e, com elas, traçamos nossos sonhos, valores e o legado que queremos deixar.

Se nossa mente carrega um acontecimento negativo do passado, isso pode interferir no presente. É crucial saber separar passado e presente para evitar que isso nos incomode e trave nossa evolução e felicidade. Devemos aprender as lições do passado, mas viver no presente.

Sentimentos passados devem ser superados e assimilados. Embora não possamos esquecer o que vivemos, podemos usar essas experiências para crescer. Não devemos nos deixar levar por um ciclo de negatividade e energias ruins devido a eventos passados, pois isso só atrairá mais sofrimento.

Ao identificar o sofrimento, o primeiro passo é reconhecê-lo e, em seguida, deixá-lo para trás, criando uma nova percepção e avançando. Isso muda nosso mindset e nos impede de alimentar esses sentimentos.

Devemos nos concentrar em viver no presente. O passado já passou; devemos tirar lições, aprender, perdoar, não repetir os mesmos erros e permitir que a vida siga seu curso natural. Perdoar é seguir em frente, é deixar a vida fluir sem remorsos ou pesos desnecessários. É nos libertar para viver com mais confiança e leveza.

> **NÃO PODEMOS PREVER O QUE ACONTECERÁ NO FUTURO, MAS PODEMOS TRABALHAR PARA CONSTRUIR UM FUTURO DESEJÁVEL. ENTRETANTO, VIVER COM A MENTE FOCADA APENAS NO QUE ESTÁ POR VIR PODE TRAZER SOFRIMENTO E ANSIEDADE, IMPEDINDO-NOS DE DAR O NOSSO MELHOR NO PRESENTE.**

Se vivermos no futuro, podemos imaginar coisas melhores ou piores, mas nunca como elas realmente são. Imaginar um futuro bom traz esperança; imaginar um futuro ruim traz ansiedade. No entanto, essas são apenas percepções, ilusões que criamos.

O importante são os passos que damos agora, que certamente impactarão o futuro, mas é no presente que construímos o amanhã. Colhemos o que plantamos.

> **A BUSCA POR EQUILÍBRIO FORA DOS CAMPOS DE JOGO É FUNDAMENTAL.**
>
> — *PAULO JAMELLI*

CAPÍTULO QUINZE

BUSCA DE PERFORMANCE E MELHORIA DOS RESULTADOS

> "COMO TREINAR É MAIS IMPORTANTE DO QUE O QUE TREINAR."
> — ANDY ROXBURGH

Um dos grandes desafios dos atletas de alta performance sempre foi encontrar maneiras lícitas, dentro das regras, de melhorar seu desempenho. A pressão por melhores resultados, os patrocinadores e as cobranças estão cada vez maiores. O esporte, hoje, é também um negócio, e nos negócios temos concorrentes de quem não podemos ficar atrás.

Grandes investimentos são feitos, tecnologias são desenvolvidas e interesses esportivos e corporativos movem milhões de dólares. O atleta e seu entorno evoluíram e se profissionalizaram. A estrutura em torno do jogador é enorme; muitas pessoas e famílias dependem dos resultados dele. Por isso, o coaching esportivo é tão importante; a busca por equilíbrio fora dos campos de jogo é fundamental.

A família e os lados sentimental, afetivo e espiritual interferem significativamente na melhoria desses resultados.

Equilíbrio emocional, autoconhecimento, disciplina, ambiente favorável e liberdade são indispensáveis para a melhoria diária do atleta.

CAPÍTULO DEZESSEIS

O TEMPO E ATRAVÉS DO TEMPO

> "O PRESENTE ME FEZ ENXERGAR QUE NÃO POSSO MUDAR O QUE FUI, MAS POSSO CONSTRUIR O QUE SEREI."
> — *AUGUSTO CURY*

Desde a antiguidade, o ser humano tem se mostrado curioso e interessado pelos fatores relacionados ao tempo. Medir o tempo, controlá-lo, utilizá--lo, otimizá-lo — sempre tentamos fazer o melhor uso possível dele.

Podemos dividir o tempo de duas formas: o cronológico, medido em segundos, minutos, horas, dias, semanas, meses, anos e assim por diante; e o qualitativo, que é a qualidade das experiências que vivemos, boas ou ruins, e a sensação de que o tempo passa mais rápido ou mais devagar.

Quantas vezes, durante uma partida, dizemos que o tempo não passa, que os últimos dez minutos pareceram horas? Ou, ao contrário, que os cinco minutos de acréscimo pareciam segundos?

Os gregos definiam o tempo em duas categorias: Cronos e Kairós. Cronos representava o tempo cronológico, medido por relógios, ampulhetas ou pelo nascer do sol — o tempo sequencial e mensurável. Kairós referia-se ao tempo vivido sem medidas de controle estabelecidas, baseado em experiência, na sensação e na percepção da intensidade dos momentos. Cronos é o tempo dos homens; Kairós, o tempo de Deus, do Universo, da eternidade, da mente.

O tempo está presente em tudo o que vivemos: na Natureza, nos nossos pensamentos, nas nossas relações pessoais, no trabalho, nos momentos de lazer, em família, nas dificuldades. A diferença está em como nos conectamos com o tempo.

CAPÍTULO DEZESSETE

PROTAGONISTA OU ESPECTADOR

> "VOCÊ É MAIS VALENTE DO QUE ACREDITA E MAIS FORTE E INTELIGENTE DO QUE IMAGINA."
> — URSINHO POOH

Quando estamos em campo, seja jogando ou treinando uma equipe, somos o centro das atenções. Todos os holofotes e câmeras estão voltados para nós. Cada movimento é observado, cada palavra é analisada e cada gesto é interpretado. O peso das expectativas da torcida, dos dirigentes e da mídia está constantemente sobre nossos ombros. Esse é o papel do protagonista: carregar a responsabilidade e influenciar diretamente o resultado do jogo.

No entanto, chega um momento em que a carreira nos gramados chega ao fim.

A FASE DE PROTAGONISMO PODE TERMINAR, MAS A VIDA CONTINUA.

A sensação de que o mundo se tornou sem cor e que a adrenalina dos jogos e o barulho da torcida nunca serão substituídos é natural. Mas é importante lembrar que, assim como um jogo tem várias fases, a vida também tem seus ciclos.

A aposentadoria do futebol pode parecer o fim de um capítulo emocionante, mas é, na verdade, o começo de um novo desafio.

Um dos grandes obstáculos que enfrentamos ao final da carreira esportiva é decidir qual caminho seguir. Será que continuamos no esporte, talvez como técnicos, gestores ou comentaristas? Ou será que exploramos novos horizontes, como o empreendedorismo ou o mercado financeiro?

A VERDADE É QUE, POR MAIS QUE A GENTE SE PREPARE PARA ENFRENTAR ADVERSÁRIOS DENTRO DE CAMPO, A VIDA FORA DELE PODE NOS PEGAR DESPREVENIDOS.

É aqui que entra a importância de transferir as habilidades adquiridas no futebol para a nova fase da vida. Assim como dentro de campo precisamos de visão de jogo, fora dele precisamos de visão estratégica. Dentro de campo, saber lidar com a pressão nos faz vencer partidas difíceis; fora dele, essa mesma habilidade nos ajuda a superar os desafios da vida empresarial.

> **A LIDERANÇA QUE EXERCEMOS NO VESTIÁRIO PODE SE TRANSFORMAR EM LIDERANÇA CORPORATIVA, E A DISCIPLINA QUE NOS LEVOU AO TOPO DO ESPORTE PODE NOS GUIAR EM QUALQUER CARREIRA QUE ESCOLHEMOS SEGUIR.**

Muitos ex-jogadores que conseguem fazer essa transição de forma bem-sucedida se tornam exemplos a serem seguidos.

Veja o caso do Raí, que, após sua brilhante carreira no São Paulo, se tornou um empresário e filantropo de sucesso. Ele conseguiu levar a mesma paixão que tinha pelo futebol para suas atividades fora dos gramados.

Ou então pense no Zico, que se manteve próximo ao esporte, mas assumiu novos papéis, como técnico e dirigente, continuando a impactar o futebol de forma diferente.

Foto: Divulgação

O que todos esses exemplos têm em comum é a capacidade de continuar sendo protagonistas, mesmo depois que as luzes dos estádios se apagaram para eles. Isso nos mostra que, embora a forma como exercemos nosso protagonismo mude, ele não precisa desaparecer. Pelo contrário, pode se expandir para novas áreas e continuar a influenciar, inspirar e liderar.

> **AFINAL, SER PROTAGONISTA NÃO É APENAS UMA QUESTÃO DE ESTAR EM DESTAQUE, MAS DE ASSUMIR RESPONSABILIDADE E FAZER A DIFERENÇA, SEJA EM CAMPO, SEJA NA VIDA.**

CAPÍTULO DEZOITO

MARKETING PESSOAL

> "EM 1969, EU LARGUEI AS MULHERES E A BEBIDA. FORAM OS PIORES VINTE MINUTOS DA MINHA VIDA. GASTEI MUITO DINHEIRO COM MULHERES, BEBIDAS E CARROS. O RESTO EU DESPERDICEI."
> — *GEORGE BEST, JOGADOR DE FUTEBOL*

Quando deixamos de jogar, deixamos uma marca pessoal, uma imagem que as pessoas lembram. Nossa história e reputação ficam gravadas na memória dos outros. A marca pessoal é essencial, tanto no mundo esportivo quanto no corporativo. Nossos atos e palavras ficam registrados. Não importa se nos tornaremos empresários, diretores, líderes de equipe ou se continuaremos no esporte, nossa imagem já está formada e precisa ser utilizada da melhor maneira possível.

Devemos tirar proveito dessa história, construída com muita dedicação e esforço, pois nossa reputação é nosso maior valor.

> **CONSTRUIR UMA MARCA VITORIOSA E CONFIÁVEL COMEÇA COM UMA AVALIAÇÃO REALISTA DA NOSSA PRÓPRIA IMAGEM.**

Como outros atletas te enxergam? Como a mídia te avalia? Como os treinadores te veem? No mundo corporativo e das grandes marcas, chamamos isso de *branding*.

Branding é um conceito usado para comunicar marcas nas grandes empresas, posicionar produtos no mercado e transmitir ao público quem você é e como quer ser visto.

Nós, esportistas, também podemos usar essa ferramenta de forma positiva, desenvolvendo nossa marca pessoal.

Atletas são sinônimos de superação, dedicação, disciplina e competência, valores muito apreciados no mundo corporativo e que devem ser utilizados como vantagens na pós-carreira. Reconhecer nossos pontos fortes e características marcantes é fundamental na hora de trabalhar nosso marketing pessoal.

Depois de definir como queremos ser vistos e o que vamos fazer, o próximo passo é adotar uma atitude coerente com nossas palavras e ações.

O ideal é sermos autênticos, sem tentar criar um personagem. Um discurso sincero e legítimo transmite credibilidade. Gerenciar a reputação conquistada é tão ou mais difícil do que alcançá-la.

CAPÍTULO DEZENOVE

ATLETAS E MÍDIAS SOCIAIS

> "NÃO CONHEÇO A CHAVE PARA O SUCESSO, MAS A CHAVE PARA O FRACASSO É TENTAR AGRADAR TODO MUNDO."
> — *BILL COSBY*

Nos dias de hoje, a convivência com as mídias sociais é inevitável e intensa. É um fator importante a que devemos estar atentos e saber como tirar proveito dessa nova maneira de se comunicar.

As redes sociais se tornaram uma etapa fundamental da comunicação e precisam ser bem administradas. Estratégias de posts, mensagens e interações precisam estar em sintonia com o que acreditamos e pensamos.

Manter uma linha coerente nas redes sociais é uma atitude inteligente que deve ser monitorada e alimentada diariamente. O bom relacionamento com a imprensa e nossos seguidores é peça-chave para consolidar nossa reputação.

O que comunicar? Como comunicar? Por quê? A quem? Quando?

São perguntas que devemos nos fazer constantemente. Devemos ser discretos, evitar fake news, compartilhar informações verdadeiras, nos posicionar claramente, respeitar as opiniões alheias, abordar assuntos relevantes, ser oportunos, escrever com um português correto, evitar polêmicas fúteis, não responder por impulso, deixar as emoções de lado, postar tanto os lados negativos quanto os positivos das situações, não ofender pessoas ou comentários, não se esconder diante de assuntos polêmicos, agradecer e elogiar os outros, ser simples e claros.

> **COM A ASCENSÃO DAS MÍDIAS SOCIAIS, ATLETAS TÊM A OPORTUNIDADE DE EXPANDIR SUAS MARCAS PESSOAIS DE FORMA NUNCA ANTES VISTA.**

Um exemplo é Cristiano Ronaldo, que usa suas plataformas para engajar milhões de seguidores, promovendo desde produtos até causas sociais. A maneira como ele comunica sua marca pessoal, combinando autenticidade com profissionalismo, é um modelo a ser seguido.

Outro exemplo é o de Megan Rapinoe, cuja presença nas redes sociais vai além do futebol, abordando questões sociais e políticas. Ela mantém uma linha coerente com seus valores e isso fortalece sua marca, atraindo patrocinadores que compartilham suas crenças.

Esses exemplos mostram que, com uma estratégia bem definida, as mídias sociais podem ser uma poderosa ferramenta para fortalecer a marca pessoal dos atletas.

> A CHAVE ESTÁ EM SER AUTÊNTICO,
> COERENTE E ESTRATÉGICO, TRANSFORMANDO
> A VISIBILIDADE ON-LINE EM UMA EXTENSÃO DA
> REPUTAÇÃO QUE FOI CONSTRUÍDA
> DENTRO DOS GRAMADOS.

> A FALTA DE ENVOLVIMENTO COM A LEITURA E COM A CULTURA PODE LEVAR À ALIENAÇÃO.
>
> — *PAULO JAMELLI*

CAPÍTULO VINTE

O QUE VOCÊ ESTÁ FAZENDO PARA ADQUIRIR CONHECIMENTO?

> "CONHECIMENTO É UM ATALHO PARA CHEGARMOS A NOSSAS METAS."
> — ANÔNIMO

Adquirir conhecimento é essencial para o desenvolvimento pessoal e social de qualquer indivíduo. A leitura é uma das ferramentas mais poderosas nesse processo, pois amplia horizontes, estimula o pensamento crítico e enriquece o vocabulário.

Ao mergulhar em livros de diferentes gêneros, culturas e épocas, expandimos nossa compreensão do mundo, percebendo que há múltiplas perspectivas e realidades além da nossa própria.

A cultura, em um sentido mais amplo, também desempenha um papel fundamental na formação de uma sociedade mais consciente e informada. Seja por meio da música, das artes visuais, do cinema ou do teatro, a cultura reflete e questiona a condição humana, oferecendo novas maneiras de entender nossa existência.

Ela é um espelho da sociedade e, ao mesmo tempo, um farol que nos guia para além do óbvio, desafiando-nos a pensar de forma mais profunda sobre quem somos e como nos relacionamos com o mundo ao nosso redor.

A falta de envolvimento com a leitura e com a cultura pode levar à alienação.

> **EM UM MUNDO ONDE AS INFORMAÇÕES ESTÃO AO NOSSO ALCANCE COM POUCOS CLIQUES, É FÁCIL SE PERDER EM UM MAR DE CONTEÚDOS SUPERFICIAIS E DESINFORMAÇÃO.**

Ter uma consciência política e social exige que nos mantenhamos bem-informados, que saibamos questionar as fontes e buscar o entendimento mais aprofundado dos temas que afetam a sociedade. Isso não só nos torna cidadãos mais responsáveis, mas também nos capacita a participar de debates e decisões que moldam o futuro.

Portanto, investir em conhecimento, seja por meio da leitura, da cultura ou da busca por uma maior consciência política e social, é um caminho para o crescimento pessoal e coletivo. É a partir dessa base que podemos construir uma sociedade mais consciente, crítica e participativa, capaz de enfrentar os desafios do presente e do futuro com clareza e propósito.

CAPÍTULO VINTE E UM

VOCÊ É FELIZ? SE PUDESSE, MUDARIA
O SEU CAMINHO HOJE OU CONTINUARIA
TRILHANDO A MESMA JORNADA?

*"QUE HISTÓRIA VOCÊ CONTA
DA SUA HISTÓRIA?"*
— *ANÔNIMO*

Como está a sua relação com o trabalho?
Há alegria no que você faz?
Você está satisfeito com o seu desempenho?
É realmente o que gostaria de estar fazendo?
O trabalho traz leveza ou se tornou um peso?
A vida está fluindo como você gostaria?
Você está respeitando a sua verdadeira essência?
Talvez seja hora de repensar como ou o que fazer.
Você tem clareza sobre o que quer?

Sabe para onde deseja ir e aonde quer chegar?

Quais qualidades e competências você precisa desenvolver para alcançar esses objetivos?

Está encontrando o que procura?

Mais importante, você sabe o que realmente está buscando?

Essas perguntas são essenciais para guiar suas reflexões e ajudar a alinhar sua vida com o que verdadeiramente importa.

PARTE QUATRO
Gestão de equipes

> **O TALENTO GANHA JOGOS, MAS O TRABALHO EM EQUIPE E INTELIGÊNCIA GANHAM CAMPEONATOS.**
>
> — *MICHAEL JORDAN*

CAPÍTULO UM

COMO UMA EQUIPE PODE SE BENEFICIAR COM O PROCESSO DE COACHING

> "CERTIFIQUE-SE DE QUE OS MEMBROS DA EQUIPE SAIBAM QUE ESTÃO TRABALHANDO COM VOCÊ, NÃO PARA VOCÊ."
>
> — *JOHN WOODEN*

Nos esportes de alto rendimento coletivos, a equipe é mais importante que o indivíduo. No entanto, muitas vezes, os objetivos pessoais podem se sobrepor aos coletivos, o que prejudica o desempenho do time como um todo.

O sucesso de uma equipe é medido por suas vitórias e conquistas, que são frutos de muito trabalho e esforço. Resultados positivos não surgem por acaso.

É papel do treinador e dos gestores de equipes esportivas questionar constantemente como podem melhorar o desempenho do time.

Como maximizar o rendimento do grupo? Quais são os pontos fortes e as debilidades? O que os adversários estão fazendo certo ou errado? Como podemos aprender com nossos erros? É nesse contexto que o coaching esportivo se torna essencial, desempenhando um papel fundamental na busca pela excelência.

O processo de coaching esportivo promove a reflexão sobre a importância de cada membro dentro do coletivo e seu papel individual na busca por metas e conquistas.

Relacionamentos interpessoais são cruciais para a harmonia do grupo e fatores como tolerância, paciência, inteligência emocional e saber lidar com vitórias e derrotas são determinantes para o sucesso. Sem esse alinhamento, o risco de fracasso aumenta significativamente.

Estudos mostram que o comprometimento com um projeto comum eleva o desempenho e pode levar a níveis extraordinários de performance.

Quando existe empatia entre líderes e liderados, o ambiente de trabalho se torna mais leve e harmonioso, o que facilita a resolução de situações estressantes e atrai energias positivas, conduzindo ao sucesso.

Não há alunos bons ou maus, mas professores bons ou maus. Treinadores que utilizam palavras corretas e cujas ações refletem essas palavras ganham respeito e credibilidade.

> **LIDERAR PELO EXEMPLO, NÃO APENAS PELO DISCURSO, É ESSENCIAL.**

Quando conquistamos o coração dos jogadores, obtemos não apenas comprometimento, mas também defensores da nossa causa.

CAPÍTULO DOIS

COMO CRIAR EQUIPES VITORIOSAS NA ALTA PERFORMANCE COM O COACHING ESPORTIVO

> "NÃO TENHA MEDO DE FALHAR. ESSE É O CAMINHO PARA O SUCESSO."
> — *LEBRON JAMES*

No esporte, a coletividade é a base da força de uma equipe. Dependemos uns dos outros e, juntos, somos muito mais fortes. A sensação de pertencimento é crucial para a harmonia e o bom funcionamento da equipe. A falta desse sentimento pode causar desgaste físico e mental e problemas de relacionamento.

Treinadores estão constantemente expostos a críticas e pressão e precisam se acostumar a isso. A opinião pública, a imprensa e a diretoria estão sempre de olho, questionando suas atitudes, criticando e sugerindo atitudes que deveriam ser tomadas. Nós precisamos escutar, refletir, analisar e ver se essas críticas têm fundamento ou se são apenas palavras maldosas jogadas ao vento.

No dia a dia, o relacionamento com os jogadores no vestiário pode ser estressante e delicado. Por isso, o treinador deve apoiar-se no coaching para planejar, organizar, definir métodos e gerenciar todas as pessoas envolvidas. Talento não é suficiente; disciplina, trabalho, esforço e comprometimento são essenciais.

Os atletas precisam entender claramente o que o treinador pensa e deseja. Alguns treinadores enfatizam trabalho e disciplina; outros valorizam qualidades individuais ou o esforço coletivo.

Há diferentes estilos de jogo, e cada treinador tem suas convicções. Independentemente do estilo, é fundamental que o treinador mantenha suas crenças e lidere por meio delas, sem se deixar influenciar por pressões externas.

O treinador depende dos jogadores; os jogadores dependem do treinador. Essa troca é crucial para o sucesso ou fracasso do time. Embora os jogadores sejam as estrelas, é o treinador quem deve garantir o respeito à hierarquia e a disciplina. Convencer os jogadores de suas ideias é o primeiro grande desafio.

> **MOTIVAÇÃO E CREDIBILIDADE SÃO AS CHAVES PARA DESENVOLVER TALENTO E CRIATIVIDADE.**

O apoio do treinador ajuda o atleta a superar dúvidas e inseguranças, criando um ambiente seguro para o desenvolvimento pleno de seu potencial. O desempenho individual está intimamente ligado ao coletivo; fortalecer um fortalece o outro e, juntos, podem alcançar feitos extraordinários.

Um treinador seguro e confiante transmite essa segurança ao grupo, criando um ambiente de boas energias, onde talento e vitória são cultivados.

> **O SUCESSO DE UMA EQUIPE PODE SER MEDIDO AO FINAL DE UMA TEMPORADA, MAS O FRACASSO PODE SER IDENTIFICADO NO INÍCIO DO TRABALHO.**

O coaching esportivo auxilia o treinador a melhorar suas relações com atletas, comissão técnica, diretoria, imprensa, familiares, empresários e todo o conjunto de outras pessoas envolvidas.

Ao reforçar a harmonia, confiança e comprometimento, o coaching contribui para o sucesso da equipe. Delegar responsabilidades, valorizar qualidades e criar relações positivas são atitudes essenciais para o bom desempenho do grupo. No esporte de alto rendimento, jogamos para ganhar, não para evitar a derrota.

> **AO FOMENTAR UMA ATITUDE POSITIVA, O COACH CONTRIBUI PARA O FORTALECIMENTO DO CARÁTER DO ATLETA.**
>
> — *PAULO JAMELLI*

CAPÍTULO TRÊS

O PAPEL DO COACH
NA GESTÃO ESPORTIVA

"ACTA NON VERBA / FEITOS, NÃO PALAVRAS."
— *PROVÉRBIO LATIM*

O papel do coaching esportivo é despertar o potencial do atleta no seu mais alto grau. É fazer perguntas desafiadoras, provocando o atleta a encontrar soluções e saídas para os seus problemas e obstáculos.

Além disso, o coaching incentiva o autoconhecimento, a confiança e a preparação para os desafios que surgirão ao longo do caminho.

O coach motiva o atleta a buscar conhecimento e expandir seu repertório tático, físico e técnico, sempre com os lados mental, emocional e comportamental no controle, isso é essencial para o desenvolvimento contínuo.

A busca por um rendimento superior é uma das principais responsabilidades do coaching esportivo. Produzir e aplicar ferramentas eficazes para os jogadores contribuem diretamente para essa evolução.

Otimizar o talento de cada atleta e aproveitar ao máximo suas qualidades individuais são funções cruciais do coaching esportivo, que deve sempre buscar o equilíbrio entre o desempenho individual e o coletivo.

> **UM AMBIENTE SEGURO E SEM INTERFERÊNCIAS EXTERNAS É FUNDAMENTAL PARA O SUCESSO DO COACHING ESPORTIVO.**

A criação de uma relação de confiança e cumplicidade entre treinador e jogadores acelera o processo de aprendizagem, tanto no aspecto pessoal quanto profissional.

Quando o ambiente é favorável, os atletas se sentem mais à vontade para explorar novas possibilidades, experimentar diferentes estratégias e aprimorar suas habilidades, resultando em um crescimento significativo e sustentável.

Além disso, é importante que o coach promova o desenvolvimento de uma mentalidade vencedora no atleta e no seu entorno. Isso significa incentivar o atleta a assumir a responsabilidade pelo seu próprio progresso, enfrentar desafios com determinação e aprender com os fracassos.

Ao fomentar uma atitude positiva e resiliente, o coach contribui para o fortalecimento do caráter do atleta, preparando-o não apenas para vencer dentro de campo, mas também para lidar com as adversidades da vida pessoal.

Outro aspecto crucial do coaching esportivo é a personalização do treinamento.

Cada atleta possui características, necessidades e metas diferentes; cabe ao coach identificar essas particularidades para adaptar o processo de treinamento de acordo com o perfil de cada jogador.

Essa abordagem individualizada não só maximiza o desempenho, mas também aumenta a motivação e o engajamento dos atletas, que se sentem mais valorizados e compreendidos dentro da equipe.

> **PARA CRIAR UMA EQUIPE VITORIOSA, É PRECISO COLOCAR O COLETIVO ACIMA DO INTERESSE INDIVIDUAL.**
>
> — PAULO JAMELLI

CAPÍTULO QUATRO

COMO FORMAR UM TIME VENCEDOR?

> "DAR O MELHOR DE SI É MAIS IMPORTANTE DO QUE SER O MELHOR."
> — *MIKE LERNER*

A primeira preocupação ao formar uma equipe de alto rendimento é garantir a unidade e a qualidade das pessoas envolvidas. A equipe deve ser coesa e evitar pequenas "rachaduras".

Todos devem compartilhar os mesmos valores, falar a mesma língua e ter um discurso alinhado. Isso não significa ter as mesmas ideias e pensamentos, mas sim uma conduta comum baseada em regras estabelecidas.

A escolha dos integrantes deve ser cuidadosa, priorizando pessoas que contribuem para um ambiente de trabalho leve e saudável.

Ser treinador é, acima de tudo, saber lidar com pessoas. Nem sempre os melhores treinadores são os mais conhecedores de táticas ou modelos de jogo, mas sim aqueles que conseguem criar e manter a harmonia do grupo.

> **LIDAR COM CONFLITOS, CRISES E FRUSTRAÇÕES FAZ PARTE DAS FUNÇÕES DO TREINADOR E DO FORMADOR DE EQUIPES.**

O treinador deve ser multidisciplinar, atuar em várias áreas e usar sua reputação para servir de exemplo, combinando palavras e ações. Honestidade e carisma são essenciais.

O relacionamento deve ser baseado em confiança, respeito e justiça. Fomentar a harmonia é fundamental, pois não há grupo de sucesso que viva em constante controvérsia e discórdia.

O treinador deve deixar claro que o melhor para cada um é o melhor para o grupo. Todos estão no mesmo barco: quando um ganha, todos ganham; quando um perde, todos perdem. Ter um objetivo comum é primordial. Acreditar que esse objetivo é alcançável e que melhorará a posição da equipe e de seus componentes é um fator de motivação e de fortalecimento do vínculo do grupo.

> **UMA EQUIPE MADURA E INTELIGENTE VALORIZA TANTO SEUS TALENTOS QUANTO SUAS NECESSIDADES INDIVIDUAIS, SABENDO QUE ISSO MELHORA O RESULTADO COLETIVO.**

Ter uma equipe multidisciplinar para apoiar o treinador é fundamental. A gestão dentro e fora de campo deve estar alinhada. Diretoria, comissão técnica e jogadores desempenham papéis importantes, cada um dentro de sua função.

As metas econômicas, esportivas e administrativas devem convergir para os mesmos pontos; objetivos financeiros e esportivos não podem caminhar em direções opostas.

> **O LÍDER, OU TREINADOR, DEVE SER UMA FIGURA INSPIRADORA, O CAPITÃO DO BARCO. DEVE TER ATITUDES POSITIVAS E TRANSMITIR ENERGIA E CONFIANÇA, CRIANDO UM AMBIENTE SAUDÁVEL E LEVE.**

Permitir que todos contribuam e participem das decisões é uma forma de engajar todos na busca pelo sucesso comum. Isso faz com que todos se sintam importantes e envolvidos nas vitórias e derrotas. Atitudes, gestos e palavras geram reações, e o treinador deve saber usar esse contexto de forma positiva.

Para criar uma equipe vitoriosa, é preciso colocar o coletivo acima do interesse individual. Nem sempre os atletas têm uma boa convivência; somos diferentes, com prioridades distintas, vaidosos e egoístas. A afinidade entre os companheiros pode variar, mas o compromisso com o grupo deve prevalecer.

A ideia de jogo e a maneira de conduzir o grupo são chaves para o sucesso de uma equipe. O grupo percebe quando o treinador é sincero, justo e correto. Tratar todos da mesma forma é impossível e nem sempre saudável, pois temos diferenças de ideias, personalidades e momentos de vida. No entanto, tratar todos com justiça e honestidade é uma mensagem que todo treinador deve transmitir.

Quando um treinador define sua maneira de jogar e o comportamento esperado dos jogadores, é crucial comunicar isso claramente. Após definir o que e como será feito, o próximo passo é colocar essas ideias em prática.

A ideia de jogo reflete a essência do pensamento do treinador, e a forma como ele comunica suas ideias e métodos de treinamento faz parte do seu estilo.

O modelo de jogo começa com as ideias do treinador, mas não termina aí. É necessário construir uma linha de trabalho, estabelecer parâmetros de treinamento, controle e estilo de condução do grupo e definir um caminho a ser seguido. O treinador escolhe o caminho, e os jogadores são responsáveis por percorrê-lo.

Jogadores são, antes de atletas, pessoas com sentimentos; não são marionetes ou videogames que podem ser controlados. Não podemos escrever as situações como em um roteiro de cinema. Os atletas cometem erros e deslizes, têm objetivos e desejos. Por isso, os jogadores devem entender e se solidarizar com o treinador, acreditando que os treinamentos e exercícios serão úteis na competição.

> **SE OS MEMBROS DO GRUPO NÃO ESTIVEREM DISPOSTOS A DAR O MELHOR DE SI E COOPERAR, O SUCESSO DA EQUIPE ESTARÁ COMPROMETIDO.**

Para convencer os jogadores e a equipe técnica da validade de suas ideias, o treinador precisa de argumentos técnicos e táticos, além de credibilidade. Se o treinador não for ouvido e levado a sério, a relação de confiança não se estabelecerá e o comando será questionado.

Ter conhecimento técnico é essencial para transmitir confiança e credibilidade. Ser honesto e transparente, sem enganar ou mentir, é fundamental. Ouvir, entender e resolver problemas e angústias dos comandados são qualidades importantes. Quando a situação está sob controle e as coisas vão conforme o planejado, o grupo é fácil de ser conduzido. No entanto, o verdadeiro caráter das pessoas aparece sob pressão e estresse. Se o treinador mudar de postura ou cometer injustiças nesses momentos, sua credibilidade será comprometida e o grupo deixará de acreditar nele.

> **ENCARAR OS DESAFIOS COM INTELIGÊNCIA E SABEDORIA AJUDARÁ A ENCONTRAR SOLUÇÕES E FORTALECERÁ A EQUIPE.**

> **LEALDADE E CONFIANÇA SÃO PALAVRAS-CHAVE PARA O BOM FUNCIONAMENTO DA COMISSÃO TÉCNICA.**
>
> — *PAULO JAMELLI*

CAPÍTULO CINCO

HARMONIA NA COMISSÃO TÉCNICA

> "O TALENTO VENCE JOGOS, MAS SÓ O TRABALHO EM EQUIPE GANHA CAMPEONATOS."
> — *MICHAEL JORDAN*

O treinador, como líder, desempenha um papel fundamental na formação e no funcionamento da comissão técnica que irá trabalhar com ele. A lealdade e a harmonia entre os membros da comissão são essenciais. A confiança mútua, o alinhamento de discurso e a unidade são características que não devem, em hipótese alguma, ser questionadas.

A imagem de harmonia entre os integrantes da comissão é crucial para a confiança dos jogadores no trabalho realizado. Todos devem estar alinhados e falar a mesma língua.

Na comissão técnica, a responsabilidade pelo comando é do treinador, mas ele deve atribuir funções específicas a cada membro. Cada profissional possui sua especialidade e papel, e o treinador deve apoiar e incentivar esses profissionais a realizarem seu trabalho da melhor forma possível, visando o bem do grupo. Apoiar e dar respaldo, tanto nos acertos quanto nos erros, são formas de demonstrar confiança e orgulho em trabalhar com essas pessoas. Esse reconhecimento é percebido por jogadores e diretoria.

Liderar a comissão técnica não se resume a dar ordens e demonstrar quem manda. O treinador deve respeitar os profissionais que trabalham com ele, ouvindo e analisando suas ideias e pensamentos, mantendo o controle e tomando a decisão final. Somar conhecimentos e experiências é enriquecedor e torna o trabalho mais amplo e completo, sempre com foco nas metas e objetivos comuns.

Cada membro da comissão é um ser humano com sentimentos e necessidades e trabalhar em equipe pode ser desafiador.

> **O TREINADOR DEVE CUIDAR E TER SENSIBILIDADE PARA MANTER A HARMONIA ENTRE OS PROFISSIONAIS.**

Lealdade e confiança são palavras-chave para o bom funcionamento da comissão técnica. Os atletas e a comissão técnica são os parâmetros do sucesso do trabalho do treinador e suas opiniões podem valorizar ou prejudicar o treinador.

O desequilíbrio entre as partes que compõem o todo é extremamente nocivo para o desempenho de um time, além de causar um mal-estar generalizado e comprometer todo o trabalho. Podemos recordar a Copa do Mundo de 2018, quando o treinador da seleção argentina, Jorge Sampaoli, lidou com esse tipo de problema, e jogadores como Messi e Mascherano colocaram em xeque sua autoridade e liderança.

Os atletas e membros da comissão técnica davam declarações conflitantes, gerando um ambiente de confusão e desunião. Essa falta de alinhamento foi explorada pelos adversários e pela imprensa e contribuiu para o fracasso da equipe, que acabou eliminada nas oitavas de final após ser derrotada pela França.

Essa situação ocorreu no futebol, mas é comum em qualquer esfera da vida. No mundo corporativo, por exemplo, é determinante que todos falem a mesma língua, pois qualquer divergência nas informações pode prejudicar a empresa como um todo. Seja na sua casa, no seu trabalho ou no seu grupo de amigos, você está fazendo a sua parte para garantir uma convivência harmônica e o bem-estar de todos?

Aponte a câmera do seu celular para assistir a um vídeo que exemplifica os tipos de equipe.

> **TOME DECISÕES BASEADAS NOS FATOS E NA VERDADE.**
>
> — PAULO JAMELLI

CAPÍTULO SEIS

COMO SOLUCIONAR CONFLITOS

> "O QUE EU OUVIA ME CHATEAVA TANTO QUE EU IA LÁ E ARREBENTAVA O TIME ADVERSÁRIO."
>
> — PELÉ

No futebol, ou em qualquer esporte de alto rendimento, problemas e conflitos são uma constante. O treinador precisa manter o equilíbrio para lidar com essa realidade.

Superar conflitos é uma das funções mais desafiadoras e delicadas do treinador. Há ferramentas e métodos que podem ajudar nesse processo, e o coaching esportivo pode fornecer o suporte necessário.

Ao intervir para solucionar um impasse, escolha um local tranquilo para a reunião. Evite demonstrar pressa e mantenha uma atitude calma e serena. Exponha o motivo do conflito de maneira clara e objetiva, sem rodeios e sem tomar partido. Evite julgamentos, censuras ou piadas sobre o assunto.

Busque pontos de concordância e de união entre as partes envolvidas. Abra espaço para que todos expressem suas opiniões, ouvindo com atenção e sem interromper. Anote os pontos importantes e mantenha o foco no que está sendo debatido. Concorde com argumentos que você considere válidos e expresse sua opinião.

> **ESTEJA ABERTO A NOVOS ÂNGULOS E PEÇA SOLUÇÕES PARA RESOLVER O CONFLITO. DEFINA CLARAMENTE O QUE É NEGOCIÁVEL E O QUE NÃO É. BUSQUE UM PONTO DE ENTENDIMENTO.**

Tome decisões baseadas nos fatos e na verdade. Certifique-se de que todos saiam da reunião com uma sensação de avanço. Agradeça a participação de todos e reforce que todos estão no mesmo time e que as decisões são tomadas para o bem da maioria.

CAPÍTULO SETE

COMO LIDAR COM A PRESSÃO NO ESPORTE

> "OS GRANDES NAVEGADORES DEVEM SUA ÓTIMA REPUTAÇÃO ÀS GRANDES TEMPESTADES."
> — *EPICURO*

Atletas e treinadores de alto rendimento enfrentam constantemente a pressão, cobranças, dificuldades e obstáculos. Essa experiência é um turbilhão de sentimentos e emoções, um desafio constante que exige resiliência. É como um elástico que, ao ser esticado, deve voltar ao seu estado inicial sem se romper.

Problemas e barreiras são inevitáveis e a diferença entre vencedores e derrotados reside na forma como enfrentamos e reagimos a essas dificuldades.

Se conseguirmos focar não apenas na vitória e derrota, mas também no esforço e aprendizado, nossa relação com a pressão e cobranças será mais saudável.

> **TRANSFORMAR UMA DERROTA EM UMA EXPERIÊNCIA PRODUTIVA É FUNDAMENTAL.**

Compreender que ganhar e perder são partes do processo e que o fracasso pode ser um trampolim para o sucesso nos ajuda a encarar as adversidades de forma construtiva. Perder, errar e fracassar são oportunidades para aprender e crescer.

O sucesso não é alcançado sem erros e sem o apoio de outras pessoas. Precisamos de uma rede de apoio comprometida com nossos objetivos, pronta para nos ajudar a superar os tropeços. A ideia de que "o que não mata fortalece" é válida; a derrota sempre traz uma lição e algo positivo e a vitória também é passageira. O segredo é aproveitar os bons momentos, buscar soluções durante as dificuldades e celebrar as vitórias.

Devemos assumir nossas responsabilidades e evitar criar escudos ou transferir a pressão para outros. Ninguém quer ser liderado por alguém injusto ou descontrolado. Manter-se equilibrado, calmo, com ideias claras e convicção é essencial.

A pressão é muitas vezes criada por nós mesmos, fruto da nossa percepção e interpretação das situações. Aceitar a pressão como parte do trabalho ao invés de lutar contra ela ou tentar escondê-la é uma atitude inteligente. Aprender a conviver com a pressão e encará-la de frente é fundamental.

No futebol, a pressão está frequentemente associada ao medo de demissão, à perda de jogos e às críticas. Embora esses aspectos estejam ligados aos resultados e não ao desempenho em si, muitas vezes culpamos a sorte ou azar. A verdadeira preparação é estar pronto para aproveitar as oportunidades quando elas surgem.

O ambiente que criamos pode ajudar a reduzir a pressão. Nossas atitudes transmitem acolhimento e segurança para os jogadores. Aprender a dizer não, ser justo e mostrar apoio inspira e conecta o grupo.

> **A CONDUTA DO LÍDER REFLETE NO GRUPO; PORTANTO, É CRUCIAL SABER GERIR TANTO AS VITÓRIAS QUANTO AS DERROTAS.**

Nossos jogadores nos veem como líderes e nosso exemplo é a melhor forma de motivá-los e inspirá-los. Gerir nossas próprias emoções e as dos jogadores é fundamental, pois cada um reage de forma diferente à pressão.

Devemos utilizar a pressão e o estresse a nosso favor, incorporando momentos de relaxamento e meditação em nossa rotina. Viver o presente, evitar pensar excessivamente no passado ou tentar controlar o futuro, buscar novas atividades e desafios e reconhecer que nem tudo pode ser controlado são estratégias eficazes para lidar com a pressão no esporte.

> **ORIENTAR E REDIRECIONAR PENSAMENTOS SÃO COMPONENTES CENTRAIS DO COACHING ESPORTIVO.**
>
> — *PAULO JAMELLI*

CAPÍTULO OITO

SEU ATLETA FOCA NA SOLUÇÃO OU NO PROBLEMA?

"NO ESPORTE E NOS NEGÓCIOS, HÁ TRÊS TIPOS DE PESSOAS: AS QUE FAZEM ACONTECER, AS QUE VEEM O QUE ACONTECE E AS QUE FICAM SE PERGUNTANDO O QUE ESTÁ ACONTECENDO."

— *TOMMY LASORDA, JOGADOR DE FUTEBOL*

Quando nos concentramos apenas nos problemas, nosso cérebro gasta uma quantidade imensa de energia e pode criar dificuldades adicionais. Essa mentalidade não apenas intensifica o sofrimento, mas também desvia o foco das soluções reais. O coaching esportivo tem um papel crucial em ajudar o atleta a direcionar sua atenção para a solução dos problemas ao invés de se perder nos obstáculos.

Refletir e questionar são ferramentas poderosas para promover essa mudança de foco. Perguntas inteligentes podem provocar reflexões profundas e auxiliar no autoconhecimento. Revisar crenças e valores é fundamental para alterar a percepção do problema.

Uma análise inicial do problema é essencial. Pergunte-se: o problema pode ser resolvido? Há uma solução viável? Como você resolveria a situação se tivesse poderes mágicos? Que conselho você daria a um amigo enfrentando o mesmo problema? O que pode ser feito para melhorar a situação? E o que poderia piorar? Se tivesse uma máquina do tempo, o que faria diferente?

> **O ATLETA DEVE CONCENTRAR-SE EM ENCONTRAR SOLUÇÕES AO INVÉS DE FOCAR EM DEFEITOS E CARÊNCIAS PESSOAIS.**

Orientar e redirecionar pensamentos são componentes centrais do coaching esportivo. Apontar erros e falhas durante momentos difíceis pode intensificar o problema. Correções são mais eficazes quando feitas em momentos positivos, o que ajuda a promover um efeito mais construtivo.

Nos momentos desafiadores, o melhor suporte é oferecer orientação e apoio, o que fortalece a confiança e a credibilidade com o atleta. Não devemos superdimensionar os problemas ou aumentar as dúvidas e sofrimentos. Em vez disso, é crucial criar um ambiente de tranquilidade e segurança, onde o atleta possa enfrentar e resolver problemas sem causar mais dificuldades.

CAPÍTULO NOVE

ESPORTE VERSUS NEGÓCIO

> "EMPREENDEDORES E ATLETAS ESTÃO CONSTANTEMENTE LIDANDO COM MUDANÇAS E INCERTEZAS. (...) TANTO NO EMPREENDEDORISMO QUANTO NO ESPORTE, A RESILIÊNCIA É FUNDAMENTAL. A CAPACIDADE DE SE ADAPTAR ÀS CIRCUNSTÂNCIAS, ENCONTRAR SOLUÇÕES CRIATIVAS E SE RECUPERAR RAPIDAMENTE DE ADVERSIDADES É O QUE DIFERENCIA OS VENCEDORES."
> — *SALOMÃO ARAÚJO*

O mundo esportivo e o mundo corporativo compartilham muitas semelhanças, ambos são arenas de competição e ambição. No esporte, clubes almejam títulos, enquanto empresas buscam conquistar clientes, lucro e expandir mercado.

A dinâmica de ambos é semelhante: a torcida é o cliente, o clube é a empresa, o dirigente é o diretor, o treinador é o líder, o árbitro representa as regras e normas, o jogador é o funcionário e o gol é o objetivo a ser alcançado.

> **NO AMBIENTE CORPORATIVO, ASSIM COMO NO ESPORTIVO, O TRABALHO EM EQUIPE É ESSENCIAL. A FORÇA COLETIVA FREQUENTEMENTE SUPERA A CONTRIBUIÇÃO INDIVIDUAL. NINGUÉM ALCANÇA SUCESSO SOZINHO. MOTIVAÇÃO, PAIXÃO E COMPROMETIMENTO SÃO NECESSÁRIOS TANTO NA VIDA QUANTO NO ESPORTE.**

Vivemos em um sistema interconectado, seja no esporte ou no mundo dos negócios. Somos parte de um conjunto maior que interage e depende de uma convivência harmônica. As lições aprendidas no esporte, como disciplina, respeito e desejo de vencer, podem ser perfeitamente aplicadas no ambiente corporativo.

Atletas e colaboradores compartilham características valiosas: a busca pela melhoria contínua, a capacidade de enfrentar desafios de frente e a determinação para superar obstáculos. No esporte, a mentalidade de "jogar para ganhar" pode ser traduzida em "trabalhar para alcançar objetivos" nas empresas. O hábito de criar pensamentos positivos e vencedores é um elo que conecta esporte e negócios. Atletas vencedores não se escondem atrás de desculpas; eles enfrentam desafios de frente.

> **O FUTEBOL É UM ESPORTE QUE UNE POVOS E SERVE COMO UM PODEROSO EXEMPLO.**

> **DESDE A ANTIGUIDADE, O ESPORTE SIMBOLIZA A VITÓRIA E A DERROTA, O SUCESSO E O FRACASSO, ASPECTOS QUE TAMBÉM ESTÃO PRESENTES NAS EMPRESAS.**

Assim como no esporte, onde se busca a *pole position*, nas empresas também se busca a liderança de mercado. A diferença entre quem chega em primeiro e quem chega em segundo pode ser mínima e a diferença de remuneração muitas vezes reflete esse desempenho.

As dificuldades enfrentadas no esporte são similares às encontradas no mundo corporativo. As adversidades nos preparam para sermos melhores, tanto como atletas quanto como colaboradores.

> **O TRABALHO DURO E COMPETENTE É A FÓRMULA PARA O SUCESSO E ATRIBUIR O SUCESSO OU FRACASSO AO AZAR NÃO É UMA JUSTIFICATIVA VÁLIDA.**

A frase "quanto mais trabalho, mais sorte tenho" aplica-se tanto no esporte quanto nos negócios.

O espírito vencedor dos atletas pode ser incorporado à cultura das empresas. Aqueles que buscam a excelência e entregam mais do que o esperado são comparáveis aos "camisas 10" no futebol. No entanto, a equipe só avançará se todos estiverem alinhados com o mesmo objetivo, remando na mesma direção.

No futebol, como nos negócios, a equipe vence ou perde junta. Os erros são inevitáveis e quem não tenta não erra. A compreensão da função de cada membro da equipe é essencial: atacantes atacam e zagueiros defendem. O acesso ao conhecimento é universal, mas a diferença está na aplicação desse conhecimento.

A escalação de um time pode ser comparada ao organograma de uma empresa. Assim como cada jogador tem um papel específico, cada setor da empresa — diretoria, RH, vendas, contabilidade — tem sua função vital. Se não houver harmonia entre esses setores, o fracasso é certo.

O futebol e as empresas evoluíram. Novas tecnologias e transformações acontecem constantemente. A velocidade com que decisões devem ser tomadas é cada vez maior. Assim como no futebol, em que o tempo para refletir é escasso, o ambiente corporativo exige decisões rápidas e eficazes.

> **ESTAR ABERTO ÀS MUDANÇAS E SER ADAPTÁVEL É CRUCIAL PARA MANTER A COMPETITIVIDADE.**

CAPÍTULO DEZ

RAPPORT NO AMBIENTE ESPORTIVO

> "O NETWORK PODE TE LEVAR A SALAS QUE OS DIPLOMAS NÃO LEVAM."
> — *ANÔNIMO*

Rapport é a capacidade de criar empatia e conexão com as pessoas e o ambiente em que vivemos.

No contexto esportivo, é essencial para que treinadores e atletas estabeleçam uma comunicação eficaz e construtiva. Desenvolver essa sintonia é crucial para o sucesso de uma equipe, pois permite uma compreensão mútua e um vínculo mais forte entre todos os envolvidos.

Para um treinador, a comunicação clara é vital. É necessário que seus jogadores compreendam suas ideias, estratégias e a gestão do grupo. O rapport facilita essa compreensão e fortalece a relação entre treinador e atletas.

Quando há uma conexão genuína, a equipe se torna mais coesa e os problemas de relacionamento são minimizados. Estar em sintonia com vários indivíduos ao mesmo tempo aumenta significativamente as chances de sucesso, pois promove um ambiente de trabalho mais harmonioso e colaborativo.

Os seres humanos são sociais por natureza e, no ambiente esportivo, essa necessidade de conexão é ainda mais evidente. O trabalho em equipe, a rotina intensa de treinos e jogos e os desafios associados à vida esportiva, como períodos prolongados longe da família, tornam a manutenção de um bom ambiente e a convivência harmoniosa aspectos cruciais para o desempenho da equipe.

> **CULTIVAR A EMPATIA E UM BOM RELACIONAMENTO ENTRE OS MEMBROS DA EQUIPE É UMA ESTRATÉGIA FUNDAMENTAL NA GESTÃO DE UM TIME.**

Embora estabelecer essa sintonia não seja fácil, quando a interação é alcançada, os treinamentos se tornam mais produtivos e as vitórias nas competições são mais prováveis. O rapport não apenas melhora o clima do grupo, mas também contribui para uma performance mais eficaz e alinhada com os objetivos coletivos.

CAPÍTULO ONZE

METÁFORAS NA COMUNICAÇÃO ESPORTIVA

"QUANDO NÃO HOUVER VENTO, REME."
— *PROVÉRBIO ROMANO*

Utilizar metáforas e histórias na comunicação com atletas é uma técnica poderosa e eficaz. Elas ajudam a tornar conceitos complexos mais acessíveis e memoráveis, facilitando a compreensão e o engajamento dos jogadores. Ao aplicar metáforas, treinadores conseguem transmitir suas ideias de forma clara e envolvente, mantendo a atenção e a motivação dos atletas.

Metáforas funcionam como analogias que simplificam situações, tornando-as mais fáceis de entender.

Por exemplo, comparar um jogador a um "touro" quando ele demonstra força e resistência ou referir-se a um erro como uma "mão de alface" são maneiras de transmitir mensagens de forma coloquial e eficaz.

Esses símbolos e expressões, que fazem parte do cotidiano da equipe, ajudam a criar uma conexão imediata e relevante.

Além de facilitar a comunicação, as metáforas são eficazes na retenção de informações.

> **HISTÓRIAS E ANALOGIAS TÊM UM IMPACTO DURADOURO, POIS SÃO MAIS FÁCEIS DE LEMBRAR E COMPARTILHAR.**

Quando os conceitos são associados a situações ou imagens familiares, os atletas tendem a internalizar melhor os ensinamentos e aplicá-los de forma mais eficaz.

Relacionar as metáforas a experiências pessoais ou conhecidas dos atletas é uma estratégia ainda mais eficaz. Usar figuras públicas, familiares ou colegas de profissão como exemplos ajuda a criar uma empatia rápida e profunda. Isso permite que o treinador toque nos pontos emocionais mais relevantes para cada jogador, promovendo uma maior conexão e compreensão.

Além disso, ao compartilhar histórias e metáforas, o treinador demonstra solidariedade e vulnerabilidade, o que fortalece a confiança mútua. Mostrar que também enfrentamos desafios e aprendemos com nossos erros ajuda a criar um ambiente de apoio e abertura, onde os atletas se sentem mais confortáveis para se expressar e se desenvolver.

As metáforas têm o poder de acessar o nível mais profundo do ser humano, explorando emoções e pensamentos de forma intuitiva. Elas são uma ferramenta valiosa para influenciar e motivar, criando uma comunicação mais rica e impactante no ambiente esportivo.

CAPÍTULO DOZE

RESPEITO E DIVERSIDADE NO AMBIENTE ESPORTIVO: COMBATE AO RACISMO, HOMOFOBIA, ASSÉDIO E XENOFOBIA

"ANTES DE FALAR DE QUALQUER MÉTODO DE TREINAMENTO, É MUITO IMPORTANTE INTERPRETAR O AMBIENTE SOCIAL E ESPORTIVO EM QUE NOS ENCONTRAMOS. O FUTEBOL, E O ESPORTE EM GERAL, É SINGULAR, COM DIFERENÇAS ÉTNICAS, SOCIAIS E ECONÔMICAS, E OS ASPECTOS PSICOLÓGICOS E EMOCIONAIS JOGAM UM PAPEL TRANSCENDENTAL."
— *CONGRESSO CONMEBOL 2024*

O ambiente esportivo, por sua natureza inclusiva e coletiva, deveria ser um espaço onde todos os indivíduos, independentemente de sua origem, orientação sexual, raça ou nacionalidade, se sentissem acolhidos e respeitados.

No entanto, a realidade muitas vezes revela práticas e comportamentos que perpetuam o racismo, a homofobia, o assédio e a xenofobia. A promoção do respeito e da diversidade é, portanto, uma questão crucial para o desenvolvimento saudável e justo do esporte.

> **RESPEITO É A BASE FUNDAMENTAL DE QUALQUER INTERAÇÃO SAUDÁVEL. NO ESPORTE, ISSO SE TRADUZ NA VALORIZAÇÃO DAS HABILIDADES E ESFORÇOS DE CADA INDIVÍDUO, SEM DISCRIMINAÇÃO.**

Racismo, homofobia, assédio e xenofobia são formas de desrespeito que comprometem a integridade e a equidade do ambiente esportivo.

É essencial que todas as pessoas, sejam atletas, técnicos, dirigentes ou torcedores, sejam tratadas com dignidade e respeito, independentemente de suas características pessoais.

Até porque o racismo, infelizmente, ainda persiste em muitos cenários esportivos, desde insultos raciais nas arquibancadas até discriminação sistemática em processos de seleção e promoção.

Para combater o racismo, é fundamental que clubes e organizações esportivas implementem políticas claras e eficazes contra a discriminação racial. Educar e conscientizar todos os membros da comunidade esportiva sobre os impactos do racismo e promover um ambiente onde a diversidade racial é celebrada são passos cruciais para a construção de uma sociedade mais justa.

Já a homofobia no esporte pode se manifestar por meio de comentários depreciativos, exclusão ou hostilidade em relação a atletas e profissionais LGBT+.

Criar um ambiente onde todos possam expressar sua identidade sexual livremente e sem medo de retaliação é vital. Políticas de inclusão e programas de conscientização sobre a diversidade sexual devem ser promovidos para garantir que o esporte seja um espaço seguro e acolhedor para todos.

Quanto ao assédio, seja ele sexual ou moral, compromete não apenas o bem-estar dos indivíduos afetados, mas também a integridade do ambiente esportivo.

É fundamental estabelecer e reforçar normas claras contra qualquer forma de assédio e oferecer suporte adequado às vítimas. Implementar treinamentos e criar canais de denúncia acessíveis e seguros são medidas necessárias para prevenir e combater o assédio no esporte.

E a xenofobia, que envolve preconceito contra estrangeiros ou pessoas de diferentes nacionalidades, também é uma questão preocupante no ambiente esportivo.

> **A DIVERSIDADE CULTURAL DEVE SER RECONHECIDA COMO UMA RIQUEZA E UM ATIVO PARA A COMUNIDADE ESPORTIVA. PROMOVER O RESPEITO PELAS DIFERENÇAS CULTURAIS E GARANTIR QUE ATLETAS E PROFISSIONAIS ESTRANGEIROS SEJAM TRATADOS COM IGUALDADE E RESPEITO SÃO ESSENCIAIS PARA CRIAR UM AMBIENTE INCLUSIVO E HARMONIOSO.**

A realidade é que a diversidade é um dos maiores ativos do esporte, proporcionando uma gama de perspectivas e talentos que enriquecem o jogo.

Fomentar uma cultura de respeito e inclusão, em que todos os indivíduos se sintam valorizados e respeitados, é crucial para o sucesso e o desenvolvimento positivo do esporte.

> **A DIVERSIDADE DEVE SER CELEBRADA COMO UMA FORÇA QUE CONTRIBUI PARA O CRESCIMENTO E A INOVAÇÃO NO AMBIENTE ESPORTIVO.**

CAPÍTULO TREZE

DESAFIO DOS ATLETAS: A BATALHA ENTRE CORPO E MENTE

> "HÁ MUITAS PESSOAS QUE SE ESFORÇAM TODOS OS DIAS E NÃO TÊM A SORTE DE CHEGAR AO TOPO. O IMPORTANTE É A ESTRADA, PENSE NO DIA A DIA, PENSE QUE AS COISAS VÃO CHEGAR."
>
> — *RAFAEL NADAL*

O corpo humano é extraordinariamente resistente e capaz de suportar condições extremas, mas é a mente que muitas vezes determina até onde podemos ir.

O desempenho de um atleta e seus limites não são apenas uma questão de força física, mas também de convicção mental.

> **SE ACREDITARMOS VERDADEIRAMENTE EM NOSSA CAPACIDADE DE SUPERAR DESAFIOS, AUMENTAMOS SIGNIFICATIVAMENTE AS CHANCES DE SUCESSO.**

Por outro lado, a falta de crença em si mesmo e a presença de dúvidas podem levar ao fracasso.

A batalha interior é um aspecto crucial no caminho para o sucesso. A maneira como encaramos desafios e adversidades pode ser desenvolvida e fortalecida por meio de estratégias e ferramentas eficazes.

O coaching esportivo utiliza técnicas como a definição de metas e a construção de objetivos para transformar sonhos em realizações concretas.

Neste contexto, metas são os passos intermediários necessários para alcançar um objetivo maior. Enquanto as metas representam o micro, o objetivo é o macro, a realização final que se busca alcançar.

Para exemplificar, considere o desafio de correr uma maratona. O percurso é longo e cansativo, mas é essencial começar pelo primeiro quilômetro, continuar pelo vigésimo e seguir em frente até o quadragésimo segundo. Cada quilômetro representa uma meta que, quando alcançada, traz um senso de realização e motivação para continuar.

Essa jornada ilustra como os desgastes mental e físico estão interligados; o estado mental pode influenciar diretamente a capacidade física e vice-versa.

Estabelecer metas claras e atingíveis é fundamental para manter a concentração e a motivação.

Metas devem ser específicas, mensuráveis, realistas e divididas em curto, médio e longo prazo.

Isso ajuda a evitar a frustração e o desânimo, proporcionando uma sensação constante de progresso e sucesso.

Metas bem definidas incentivam boas práticas de treinamento, promovem persistência e esforço e ajudam a manter a autoestima elevada.

> **CADA PEQUENA CONQUISTA É UM SINAL DE QUE O ATLETA ESTÁ NO CAMINHO CERTO E QUE O ESFORÇO VALE A PENA.**

Portanto, enfrentar desafios não é apenas sobre superar obstáculos físicos, mas também sobre dominar a mente.

O poder da crença em si mesmo e a capacidade de manter o foco em metas alcançáveis são determinantes para transformar sonhos em realidade.

A jornada do atleta é uma contínua batalha entre corpo e mente e é essa conexão que define até onde eles podem chegar.

> ESTAR MOTIVADO SIGNIFICA TER CLAREZA SOBRE ONDE SE QUER CHEGAR, COMO E QUANDO.
> — *PAULO JAMELLI*

CAPÍTULO CATORZE

MOTIVAÇÃO: A FORÇA QUE IMPULSIONA A EXCELÊNCIA

> "SE NÃO PUDER VOAR, CORRA.
> SE NÃO PUDER CORRER, ANDE.
> SE NÃO PUDER ANDAR, RASTEJE.
> MAS SEMPRE CONTINUE SEGUINDO EM FRENTE."
> — *MARTIN LUTHER KING*

A motivação é o combustível essencial para qualquer equipe de alto rendimento.

Ela não é apenas um sentimento momentâneo, mas a força interior que nos impulsiona a perseguir nossos sonhos e alcançar objetivos desafiadores.

A capacidade de motivar outros começa com a motivação interna; um treinador desmotivado não conseguirá inspirar seus atletas a dar o melhor de si. A autenticidade e o compromisso do treinador são perceptíveis e influenciam diretamente a energia e o engajamento da equipe.

Estar motivado significa ter clareza sobre onde se quer chegar, como e quando. É acreditar no trabalho, investir esforço e determinação e reconhecer que esses ingredientes são fundamentais para obter resultados notáveis.

> **A MOTIVAÇÃO VAI ALÉM DE PALAVRAS; ELA SE REFLETE EM AÇÕES E COMPORTAMENTOS CONSISTENTES QUE DEMONSTRAM COMPROMETIMENTO E CRENÇA NO PROJETO.**

O processo de motivação em equipes de alto rendimento pode ser significativamente apoiado pelo coaching esportivo. Ferramentas e técnicas específicas ajudam a manter os atletas focados e confiantes. Contudo, um aspecto fundamental é a justiça e a equidade. Elogiar e reconhecer o bom desempenho são geralmente mais eficazes do que reprimendas e críticas.

A motivação é alimentada pela justiça, lealdade e criação de um ambiente positivo e acolhedor.

Alguns fatores cruciais para manter a motivação incluem:

Sentimento de importância: fazer com que todos se sintam valorizados e parte integrante do grupo é essencial;

Prazer no trabalho: desfrutar do que se faz e manter o entusiasmo é fundamental para a motivação contínua;

Ambiente positivo: criar um ambiente de trabalho agradável e livre de interferências externas negativas ajuda a manter a equipe focada e motivada;

Camaradagem e emoções: gerir bem as emoções e promover a camaradagem são importantes para fortalecer os laços entre os membros da equipe;

Objetivos claros e feedbacks: ter metas claras e dar feedbacks construtivos ajudam a manter o foco e o compromisso;

Reconhecimento e recompensas: valorizar os esforços e conquistas, tanto individuais quanto coletivas, é crucial para a motivação.

Além disso, a motivação deve ser constante e não depender apenas de eventos pontuais, como palestras ou vídeos motivacionais. Embora essas ferramentas possam ser úteis, a verdadeira motivação vem de uma participação ativa e contínua na rotina da equipe.

> **A MOTIVAÇÃO DIÁRIA, CONSTRUÍDA POR MEIO DE AÇÕES CONSISTENTES, É O QUE REALMENTE SUSTENTA O ESPÍRITO DE EQUIPE E O EMPENHO.**

Para motivar efetivamente, é crucial entender quais são os motivos que impulsionam os atletas. Identificar e explorar as paixões e sonhos dos jogadores ajudam a direcionar os esforços e a manter a energia e a coragem necessárias para competir com determinação. A motivação é uma força poderosa que canaliza os esforços individuais e coletivos em direção a um objetivo comum, impulsionando a equipe a alcançar novos patamares de sucesso.

> **O DIÁLOGO INTERNO É UM FATOR DETERMINANTE NA NOSSA PREPARAÇÃO E DESEMPENHO.**
> — *PAULO JAMELLI*

CAPÍTULO QUINZE

PERFORMANCE = POTENCIAL – INTERFERÊNCIAS

"FAÇA. VÃO TE CRITICAR DE QUALQUER JEITO. NÃO DEIXE AS INTERFERÊNCIAS EXTERNAS TE ABALAREM. SUA AUTOANÁLISE É SUA MAIOR GUIA."

— *PAULO JAMELLI*

No ambiente esportivo de alto rendimento, a performance de um atleta é frequentemente medida e avaliada. As análises constantes, as críticas, as opiniões e os julgamentos são aspectos inevitáveis desse processo.

Essas interferências externas, embora sejam uma parte do jogo, podem impactar negativamente o rendimento se não forem geridas adequadamente.

A equação *Performance = potencial – interferências* resume de maneira eficaz como nossa performance é determinada pela interação entre nosso potencial interno e as interferências externas.

> **QUANTO MAIS NOS CONCENTRAMOS EM NOSSO TRABALHO, TREINAMENTOS E OBJETIVOS PESSOAIS, MENOS AS INTERFERÊNCIAS EXTERNAS AFETAM NOSSA PERFORMANCE.**

Não podemos controlar o que acontece ao nosso redor. Críticas, comentários e eventos externos estão fora do nosso alcance e fazem parte de um mundo que não podemos modificar. No entanto, temos controle sobre como reagimos a essas situações.

Manter nossos objetivos claros, estar comprometidos e desenvolver habilidades para controlar a ansiedade e lidar com a pressão são fundamentais para maximizar nosso potencial.

A confiança e a preparação emocional são cruciais para competir ao máximo das nossas capacidades físicas, técnicas e táticas. Manter o foco e não deixar que acontecimentos externos interfiram na nossa rotina de treinos e competições são estratégias essenciais para alcançar bons resultados.

Embora não possamos controlar a chuva, podemos nos adaptar usando um agasalho impermeável, calçados adequados e um guarda-chuva. Da mesma forma, adaptar-se às circunstâncias externas e manter a concentração no que podemos controlar são caminhos para o sucesso.

O diálogo interno é um fator determinante na nossa preparação e desempenho. O que dizemos a nós mesmos reflete diretamente na nossa confiança e na nossa capacidade de enfrentar desafios.

Se constantemente afirmamos que não estamos bem e que não somos capazes, estamos apenas alimentando nossas inseguranças e medos. Muitas vezes, essas dúvidas surgem a partir de interferências externas, como críticas ou opiniões de pessoas alheias à nossa realidade.

A forma como nos comunicamos, tanto internamente quanto externamente, é fundamental. Nutrir um diálogo interno positivo e construtivo pode ajudar a minimizar os impactos das interferências externas e manter o foco no objetivo principal.

> **AO FOCAR NO QUE PODEMOS CONTROLAR E GERENCIAR NOSSAS RESPOSTAS ÀS INTERFERÊNCIAS, PODEMOS MAXIMIZAR NOSSO DESEMPENHO E ALCANÇAR NOSSO VERDADEIRO POTENCIAL.**

> **PARA OS ATLETAS, A INTELIGÊNCIA EMOCIONAL PODE FAZER A DIFERENÇA ENTRE O SUCESSO E O FRACASSO.**
>
> — *PAULO JAMELLI*

CAPÍTULO DEZESSEIS

INTELIGÊNCIA EMOCIONAL NO ESPORTE

"NAS GRANDES BATALHAS DA VIDA, O PRIMEIRO PASSO PARA A VITÓRIA É O DESEJO DE VENCER."
— *MAHATMA GANDHI*

A vertente emocional do atleta tem sido objeto de muitos estudos e investimentos por parte de clubes, treinadores e comissões técnicas. A busca por aumento de rendimento e conquista de resultados tem levado a uma mudança de foco: enquanto os fatores técnicos, táticos e físicos costumavam ser prioritários, os aspectos mentais e emocionais estão ganhando cada vez mais relevância.

Mudanças estão ocorrendo, impulsionadas pela necessidade de autoconhecimento e desenvolvimento da inteligência emocional.

Esse equilíbrio emocional torna-se crucial em momentos decisivos dos jogos e campeonatos, em que o fracasso ou a vitória podem depender de pequenos detalhes.

> **A INTELIGÊNCIA EMOCIONAL É A CAPACIDADE DE RECONHECER, ENTENDER E GERENCIAR NOSSAS PRÓPRIAS EMOÇÕES, BEM COMO AS EMOÇÕES DOS OUTROS.**

No esporte, isso se traduz em uma habilidade essencial para atletas, treinadores e equipes alcançarem seu potencial máximo.

Para os atletas, a inteligência emocional pode fazer a diferença entre o sucesso e o fracasso. Em competições de alto nível, em que o desempenho técnico é muitas vezes muito parecido entre os participantes, a diferença pode residir na capacidade de lidar com a pressão, manter a motivação e gerenciar o estresse.

Atletas emocionalmente inteligentes são capazes de:

Gerenciar a pressão: manter a calma e a clareza mental em situações de alta pressão é crucial. A capacidade de regular emoções como ansiedade e nervosismo pode melhorar significativamente o desempenho em competições;

Manter a motivação: atletas com alta inteligência emocional são melhores em manter a motivação interna, mesmo após derrotas ou contratempos. Eles conseguem usar a resiliência emocional para superar obstáculos e continuar se esforçando;

Lidar com feedback: a receptividade ao feedback, tanto positivo quanto negativo, é melhorada por uma boa inteligência emocional. Esses atletas são capazes de usar críticas construtivas para melhorar sem desmotivar-se;

Comunicação e relações: a capacidade de se comunicar efetivamente e entender os sentimentos dos companheiros de equipe pode fortalecer as relações interpessoais e melhorar o trabalho em equipe. Isso resulta em um ambiente mais coeso e colaborativo;

Autoconhecimento e autoavaliação: entender suas próprias emoções e reações ajuda os atletas a reconhecerem padrões de comportamento e a trabalhar em áreas que precisam de desenvolvimento pessoal.

A integração da inteligência emocional no treinamento esportivo pode envolver exercícios de mindfulness, técnicas de relaxamento e o desenvolvimento de habilidades de comunicação. Adotar uma abordagem mais holística, que inclua o bem-estar emocional, contribui para um desempenho consistente e sustentável.

> **NO FINAL, A INTELIGÊNCIA EMOCIONAL NÃO SÓ MELHORA O DESEMPENHO, MAS TAMBÉM PROMOVE UMA EXPERIÊNCIA ESPORTIVA MAIS ENRIQUECEDORA E EQUILIBRADA.**

PARTE CINCO

Liderança

> **GESTÃO É FAZER AS COISAS BEM, LIDERAR É FAZER AS COISAS CORRETAS.**
>
> — *PETER DRUCKER*

CAPÍTULO UM

O QUE É LIDERANÇA?

"VOCÊ OBTÉM O MELHOR ESFORÇO DOS OUTROS NÃO ACENDENDO UM FOGO DEBAIXO DELES, MAS CONSTRUINDO UM FOGO DENTRO DELES."
— BOB NELSON

O tema liderança, gestão de grupos e relações pessoais está cada vez mais em debate e sendo priorizado no esporte. Gestores, treinadores e responsáveis pela administração das equipes estão valorizando cada vez mais profissionais com esse perfil, muitas vezes até mais do que questões técnicas e táticas. Há várias definições de liderança. Embora eu goste de algumas em particular, todas estão corretas e oferecem uma perspectiva única sobre o que significa ser um líder.

Liderança é a arte de conduzir pessoas, profissionais, grupos e equipes para alcançar, com êxito, os resultados planejados.

Aponte a câmera do seu celular para assistir a um vídeo que mostra um exemplo de liderança.

Liderança é motivar pessoas a realizar feitos extraordinários por meio de seus próprios exemplos.

Liderança é um reflexo da cultura organizacional das empresas. É convencer seus seguidores de que o ambiente, as ideologias e os objetivos estão alinhados com suas capacidades para alcançar o sucesso comum.

Liderança é encorajar um grupo a se engajar ativamente, a acreditar que vale a pena, a manter boas relações e a assegurar o sucesso nos resultados. Organiza e executa atividades coletivamente com alegria, prazer e desempenho.

Liderar é ter uma ideia, uma mensagem, uma metodologia, uma filosofia clara, que consiga extrair o máximo potencial dos jogadores. É criar seguidores, não subordinados. Ninguém segue um líder em quem não confia. Por isso, devemos ser claros, honestos e seguros. Líderes transformam sonhos em realidade, conduzindo os integrantes do grupo de maneira harmoniosa ao sucesso.

Não julgar, não ter opiniões preconceituosas e não analisar qualquer pessoa são características importantes de liderança.

ACEITAR A SI MESMO É O PRIMEIRO PASSO PARA ACEITAR OS OUTROS COMO SÃO.

Somos diferentes, com atitudes, pensamentos e histórias distintas. Nossa conduta e forma de agir são baseadas em nossas experiências, cultura, convicções e educação.

A ausência de julgamento é fundamental para conduzir a equipe; só assim o treinador consegue alcançar os objetivos propostos. Independentemente da situação ou do assunto abordado, o treinador deve manter um comportamento imparcial e livre de julgamentos e agir de forma assertiva.

Liderança é dar e receber. Os comandados retribuem o que recebem de seus líderes. Depende do líder oferecer bons exemplos e energia positiva ou negativa. Liderança se treina, assim como se treina para bater faltas e escanteios, cabecear ou melhorar a forma física. Jamais esqueceremos um mau treinador ou um péssimo líder, mas também jamais esqueceremos líderes que nos influenciaram e motivaram a explorar todo nosso talento e alcançar 100% do nosso potencial.

Liderança é perguntar, orientar, se envolver com os assuntos e dúvidas de seus liderados, delegar, confiar, dividir responsabilidades, usar o pronome "nós" em vez de "eu", inspirar, dar exemplo, buscar a harmonia da equipe, dar feedbacks positivos e negativos, escutar e tomar decisões democráticas com base na opinião e sugestão de todos, mas deixando claro o comando e as razões dessas atitudes.

Tive o imenso privilégio de vivenciar um dos períodos mais significativos e inesquecíveis da história do São Paulo Futebol Clube: a Era Telê. Telê Santana era um homem cuja liderança se fazia sentir não apenas pelas palavras, mas especialmente pelo exemplo. Eu ainda era um adolescente de dezessete anos e já contava com um mentor extraordinário como ele, com quem aprendi lições que moldaram minha visão de mundo e norteiam a minha vida até hoje.

Com Telê, descobri que liderar não é o mesmo que comandar. Liderar é transformar pessoas e ajudá-las a se tornarem o melhor que podem ser para si e para os outros. Com isso, todo o coletivo é beneficiado. Telê fazia um trabalho duro, era rígido, mas jamais tirano. Nos ouvia e dava a liberdade para que falássemos com ele.

Se o treino estava marcado para as oito e meia, às oito ele já estava em campo para nos receber. Nunca obrigava ninguém a comparecer. Deixava o caminho livre a fim de que nos sentíssemos à vontade para estar presentes. E Telê nunca se atrasou para qualquer compromisso. Como ficou claro, era um homem que vivia conforme os princípios que defendia, além de ser muito justo em todas as suas atitudes.

Sempre tratou todos com equidade e respeito, estabelecendo regras que deveriam ser cumpridas por todos, sem distinção ou favoritismo. Esse comprometimento e seriedade inevitavelmente refletiam no nosso desempenho e trabalho em equipe.

Na presença de Telê, constatei que o verdadeiro líder não é aquele que impõe sua autoridade, mas que conquista a confiança e a admiração dos seus liderados por meio de ações. Telê Santana construiu um legado que, até hoje, é lembrado por mim e por muitos com carinho e gratidão.

CAPÍTULO DOIS

TIPOS DE LIDERANÇA

> "MEU TRABALHO NÃO É PEGAR LEVE COM AS PESSOAS. MEU TRABALHO É TORNÁ-LAS MELHORES."
> — *STEVE JOBS*

Não existe um tipo de liderança ideal; há vários tipos e formas de liderar. O melhor modelo de liderança é aquele que você acredita ser o certo e que está alinhado com suas crenças, valores e visão sobre a vida e o esporte. Não há uma receita pronta, mas há modelos que podemos adaptar ao nosso estilo.

Podemos identificar várias maneiras e estilos de liderança, tais como: democrática, autoritária, detalhista, social, positiva, negativa, inspiradora, focada em resultados, amorosa, entre outras.

Na liderança autoritária, o treinador foca na disciplina, nas regras, na vitória, na organização e no desempenho, deixando o relacionamento pessoal em segundo plano. Não delega funções, não escuta opiniões e faz tudo à sua maneira. É o General.

Na liderança democrática, o líder busca aproximar-se dos atletas, escuta e debate ideias, tem a mente aberta para inovações, envolve a comissão técnica nas decisões, delega funções e mantém a comunicação aberta. Esse líder faz com que seus comandados se sintam parte do processo e engajados com suas decisões. É o Amigão.

A liderança inspiradora utiliza o próprio exemplo como forma de comportamento. O líder acredita no que diz e suas atitudes comprovam suas palavras. Influencia os outros por meio de experiências pessoais e transmite confiança. Faz com que os jogadores acreditem nele e os inspira a realizar feitos notáveis. É o Parceiro.

Na liderança positiva, o líder enaltece as qualidades do grupo, vê o lado positivo das situações e foca no sucesso. Dá feedbacks positivos e tem um discurso otimista. É o Felizão.

A liderança negativa, ao contrário da positiva, só vê os defeitos e nunca o lado bom das coisas. Está sempre buscando melhorias e evidenciando carências e insucessos. Foca no lado ruim e é exigente com os resultados. É o Azedo.

O Paizão é um líder que prioriza a harmonia e o bom ambiente do grupo. Preocupa-se com aspectos pessoais dos jogadores, envolve-se com seus problemas e defende seus comandados contra críticas. Busca o bem-estar dos atletas e mantém um ambiente positivo. É uma liderança social.

O treinador detalhista é apaixonado pelos aspectos técnicos e táticos do jogo. Ama treinar, discutir modelos de jogo e conhece todos os jogadores e ligas. Utiliza tecnologia moderna, scout, estatísticas e ferramentas para planejar treinos e jogos. É o Coxinha.

> **A LIDERANÇA GLOBAL É AQUELA EM QUE O TREINADOR PENSA E AGE EM TERMOS GERAIS. FOCA NO MACRO, DEMONSTRA CONHECIMENTO TECNOLÓGICO, ANTECIPA OPORTUNIDADES, INCENTIVA NOVOS DESAFIOS E COMPARTILHA IDEIAS.**

Busca vantagens competitivas, valoriza a diversidade, domina técnicas e gestão de pessoas, aceita opiniões e está aberto a mudanças. É um líder que vivencia valores, compartilha liderança e fomenta o trabalho em equipe.

Durante a leitura dos tipos de liderança descritos, é possível identificar perfis de treinadores no mundo do futebol. Embora haja muitos tipos de liderança, o importante é encontrar o estilo que mais se alinha ao nosso perfil. Lembrando que não temos apenas uma característica de liderança; nossa liderança é uma mistura de vários estilos. O fundamental é não abandonar nossas convicções e não se deixar influenciar por ambientes externos, opiniões da imprensa, torcida ou diretoria.

> **NA MINHA CARREIRA COMO JOGADOR, TIVE EXPERIÊNCIAS COM DIVERSOS TIPOS DE LIDERANÇA. NÃO HÁ UM MOLDE ÚNICO PARA DEFINIR UMA BOA LIDERANÇA, POIS ESTA SE ADAPTA AO MOMENTO, AO GRUPO E AO CONTEXTO.**

Por exemplo, líderes como Tite, Felipão e Vanderlei Luxemburgo são pessoas com regras claras e disciplina rígida. Por outro lado, há aqueles como Renato Gaúcho, com uma liderança mais liberal e aberta. Ele consegue inspirar seus liderados com uma abordagem amigável, permitindo que o jogador se sinta parte do processo.

Há ainda o líder inspirador, como Fernando Diniz, que lidera pelo exemplo, acreditando que suas próprias condutas irão inspirar os outros. Ele também participa ativamente do treino e se mantém próximo dos atletas, sempre demonstrando o caminho a ser seguido.

Temos também a liderança exigente, como a de Bernardinho, que tende a se concentrar no que precisa ser melhorado, cobrando sempre mais da equipe. Por vezes, se não forem tomadas as devidas precauções, esta pode ser uma liderança com efeitos negativos sobre o grupo.

Por fim, temos a liderança global e mais holística, como a de Zé Roberto, que possui uma visão ampla e é capaz de balancear rigor e tranquilidade, mantendo a equipe bem orientada em todos os aspectos.

Dito isso, se me perguntarem qual é o melhor tipo de liderança, minha resposta será sempre a mesma: aquela que você acredita ser a mais eficaz para determinado grupo em determinada circunstância. O segredo está em saber identificar as necessidades e adaptar as abordagens.

> **NOSSA MANEIRA DE LIDERAR É PARTICULAR, É ÚNICA; NOSSA VIVÊNCIA, CULTURA, IDEIAS, VALORES E CRENÇAS SÃO UMA SOMATÓRIA DE COMO SOMOS E DE COMO PENSAMOS. A LIDERANÇA É TUDO ISSO.**

Por isso, acreditar em nossos sonhos, ideais e maneiras de pensar é um bom indicador de onde devemos caminhar e de que forma devemos agir para chegar lá.

> **CONFIANÇA, RESPEITO E COOPERAÇÃO SÃO FUNDAMENTAIS PARA A HARMONIA EM GRUPO.**
>
> — *PAULO JAMELLI*

CAPÍTULO TRÊS

COMPETÊNCIAS DE UM LÍDER

> "NÃO PROMETA NADA QUANDO ESTIVER FELIZ. NÃO RESPONDA QUANDO ESTIVER IRRITADO. NÃO DECIDA NADA QUANDO ESTIVER TRISTE."
>
> — *SALMO 37:5*

Quando falamos sobre líderes e o uso de ferramentas de coaching para liderar equipes esportivas, há competências, qualidades e características que o treinador deve possuir. A liderança apresenta desafios, cria barreiras e inspira sonhos, levando as pessoas a realizarem trabalhos extraordinários.

Algumas competências são inatas ao treinador, enquanto outras precisam ser aperfeiçoadas, treinadas e desenvolvidas.

Confiança, respeito e cooperação são fundamentais para construir relacionamentos harmoniosos em grupo. São pedras angulares para a formação de equipes vencedoras.

O TREINADOR É RESPONSÁVEL POR CRIAR UM AMBIENTE DE CORDIALIDADE E BOAS RELAÇÕES.

Outra compreensão fundamental no contexto da liderança é a distinção entre o profissional e o pessoal. Um bom exemplo de treinador que sabe fazer essa separação é o italiano Carlo Ancelotti, que toma suas decisões com base apenas no que é melhor para a equipe.

Na minha carreira, passei por situações em que eu queria ser o jogador titular, mas o treinador me colocava no banco. Embora isso não me deixasse feliz, eu sabia que não era pessoal; ele simplesmente estava tomando decisões que, a seu ver, beneficiariam o grupo.

Com o tempo, aprendi a ter esse discernimento, o que certamente me ajudou a lidar com críticas e a manter a maturidade em situações profissionais.

Abaixo, cito várias competências, atitudes e qualidades que os líderes baseados no processo de coaching devem possuir:

- Aprender a lidar com crises e momentos difíceis de maneira natural;
- Saber motivar;
- Ouvir de maneira profunda e atenta;
- Empreender e ousar;
- Buscar melhorar taticamente, tecnicamente, fisicamente e emocionalmente a condição dos jogadores;

- Respeitar os liderados;
- Garantir conexão entre discurso e atitudes;
- Saber delegar;
- Ensinar e acompanhar;
- Deixar claros os objetivos e focar neles;
- Manter autoconfiança;
- Ser criativo;
- Fomentar as relações humanas;
- Mostrar flexibilidade;
- Ter visão de futuro;
- Tomar decisões assertivas;
- Ser positivo e honesto;
- Respeitar a instituição;
- Envolver os demais componentes do grupo nas decisões;
- Ter poder de reação;
- Transmitir confiança e segurança nas decisões;
- Enfrentar adversidades com tranquilidade e sabedoria;
- Comunicar claramente a mensagem;
- Manter o grupo unido, motivado e coeso;
- Saber lidar com erros;
- Aportar conhecimento técnico e esportivo;
- Ser educado e cumprir as regras;
- Incentivar o bom relacionamento entre os membros do grupo;
- Aprender com as derrotas e usar essas lições para exemplos positivos;
- Ser pontual;
- Estabelecer limites e regras claras;
- Promover atividades que aproximem e conectem pessoas;
- Cumprir o prometido;
- Ser honesto e justo;
- Trabalhar duro e dar o exemplo;
- • Criar um bom ambiente de trabalho;

- Incentivar hábitos saudáveis na convivência do dia a dia;
- Proporcionar segurança para que os jogadores desempenhem suas funções da melhor forma possível;
- Evitar distribuir tarefas que os jogadores não sejam capazes de executar;
- Manter uma comunicação assertiva;
- Saber usar o momento certo para discutir temas delicados;
- Identificar expressões e sinais dos profissionais com quem trabalha;
- Ser resiliente e lidar melhor com as dificuldades;
- Demonstrar capacidade de superação;
- Manter foco e concentração;
- Começar e concluir tarefas, sem deixar nada incompleto;
- Ter determinação;
- Ser otimista e transmitir essa energia;
- Automotivação;
- Acreditar na equipe;
- Celebrar pequenas vitórias e conquistas;
- Agradecer aos membros do time pela colaboração e pelo sucesso alcançado;
- Utilizar talentos individuais em benefício do coletivo;
- Planejar, analisar e direcionar ações;
- Gerar conexão e pontos em comum entre todos;
- Defender seus liderados;
- Ser confiável e demonstrar isso;
- Ser proativo, delegar e agir conjuntamente;
- Viver o presente, sem esquecer as lições do passado e os projetos para o futuro.

CAPÍTULO QUATRO

DIFERENÇA ENTRE CHEFE E LÍDER

> "MELHOR QUE SER MELHOR QUE O OUTRO
> É SER MELHOR PARA O OUTRO."
> — *MAÇONARIA*

Há várias formas de liderar, mas uma grande diferença entre ser chefe e ser líder é fundamental:
- O chefe manda, o líder orienta;
- O chefe aponta culpados, o líder assume responsabilidades;
- O chefe esconde e retém informações, o líder compartilha conhecimento;
- O chefe ordena: "Vá lá!", o líder diz: "Vamos lá!";
- O chefe é autoritário, o líder é companheiro;
- O chefe atrapalha, o líder ajuda;
- O chefe ameaça, a líder incentiva;

- O chefe diz: "Eu", o líder diz: "Nós";
- O chefe promete, não cumpre e se justifica; o líder só promete o que sabe que pode cumprir;
- O chefe desmoraliza, o líder confia;
- O chefe centraliza, o líder delega;
- O chefe pressiona, o líder divide a pressão;
- O chefe não escuta ninguém; o líder escuta, pondera e toma decisões em conjunto;
- O chefe acha que nunca erra; o líder aprende com os erros;
- O chefe exige respeito; o líder inspira e conquista respeito;
- O chefe cria medo; o líder irradia entusiasmo;
- O chefe preocupa-se com as coisas; o líder preocupa-se com as pessoas;
- O chefe enxerga o hoje; o líder enxerga o amanhã;
- O chefe tem um grupo; o líder tem um time;
- O chefe chega na hora; o líder chega antes;
- O chefe aponta quem está errado; o líder aponta o que está errado.

QUEM VOCÊ QUER SER?
UM CHEFE OU UM LÍDER?

ESPORTIVO É ESSENCIAL PARA O DESENVOLVIMENTO DOS ATLETAS.

— *PAULO JAMELLI*

CAPÍTULO CINCO

FEEDBACK

> "VALORIZE CADA FEEDBACK.
> NEGATIVO OU POSITIVO, ELE É UM PASSO
> EM DIREÇÃO À SUA MELHOR VERSÃO."
> — *ANÔNIMO*

Feedback é retorno, devolver. Feedback não é uma bronca, nem lavar a roupa suja, muito menos enumerar erros ou identificar culpados. Feedback não deve desmoralizar ninguém, nem ser usado para marcar reuniões apenas para apontar falhas.

Dar feedback, tanto positivo quanto negativo, é avaliar acertos e erros de maneira construtiva e comunicativa, com o objetivo de melhorar a performance e promover um bom ambiente de trabalho.

O feedback deve ser um processo de comunicação que visa a melhoria contínua, oferecendo orientações claras e práticas para o desenvolvimento pessoal e profissional. Deve ser um meio de apoiar o crescimento, reforçar comportamentos positivos e corrigir aqueles que precisam de ajustes, sempre com respeito e empatia.

Um bom feedback esportivo é essencial para o desenvolvimento e aprimoramento dos atletas. Aqui estão sugestões e alguns passos para garantir que o feedback seja eficaz:

Seja específico e claro

Foque em comportamentos ou ações específicas, não em características pessoais. Exemplo: "Você precisa melhorar a precisão dos seus passes" em vez de "Você não é bom no passe".

Ofereça feedback imediato

Forneça feedback logo após o evento ou atividade para que o atleta possa relacionar o comentário com a ação específica e fazer ajustes rapidamente;

Utilize a técnica do sanduíche

Comece com um ponto positivo, seguido pelo ponto de melhoria e termine com um encorajamento. Isso ajuda a manter o moral alto e a receptividade ao feedback.

Seja construtivo e focado em soluções

Em vez de apenas apontar o que está errado, sugira maneiras de melhorar. Exemplo: "Você pode melhorar a sua técnica de drible praticando esses exercícios específicos".

Use exemplos e demonstrações

Sempre que possível, ilustre seus pontos com exemplos concretos ou demonstrações práticas. Isso ajuda o atleta a visualizar o que precisa ser ajustado.

Encoraje a autoavaliação

Pergunte ao atleta o que ele acha que poderia ter feito de diferente. Isso promove a reflexão e o autodesenvolvimento.

Mantenha uma comunicação aberta

Esteja disposto a ouvir as perspectivas do atleta e discuta as preocupações ou dúvidas que ele possa ter. Isso cria um ambiente de confiança e respeito mútuo.

Defina metas e acompanhamentos

Estabeleça metas claras para o que precisa ser melhorado e defina um plano para monitorar o progresso. Agende sessões de acompanhamento para revisar o progresso e ajustar o plano, se necessário.

Mostre empatia e suporte

Demonstre compreensão e apoio, especialmente quando o feedback é crítico. Isso ajuda a manter o atleta motivado e engajado.

Celebre as melhorias e conquistas

Reconheça e celebre as melhorias e conquistas do atleta. Isso reforça comportamentos positivos e o motiva a continuar se esforçando.

> **ACERTAR NO CONTEÚDO, VOLUME, MOMENTO E FORMA DE COMUNICAÇÃO É CRUCIAL.**
>
> — PAULO JAMELLI

CAPÍTULO SEIS

COMO VOCÊ ESTÁ SE COMUNICANDO?

> "ME DIGA E EU ESQUECEREI,
> ME MOSTRE E EU LEMBRAREI,
> ENVOLVA-ME E EU ENTENDEREI."
> — *ANÔNIMO*

Comunicar-se de maneira eficaz é uma premissa fundamental para qualquer líder.

No contexto esportivo, a comunicação é essencial para o bom funcionamento da equipe. O treinador deve utilizar uma linguagem adequada para cada situação, sendo claro e direto, e adaptando o uso de palavras e gestos ao nível de entendimento dos ouvintes. Não adianta falar português para um grupo de japoneses ou usar termos técnicos e sofisticados de física quântica com crianças de sete anos.

A comunicação permite que as pessoas compartilhem costumes, pensamentos, atitudes e comportamentos, influenciando diretamente a motivação, concentração, estratégia, habilidades, atitudes e sentimentos. Ela interfere no rendimento dos atletas, e um dos grandes desafios do treinador é transmitir de maneira eficaz o conteúdo da mensagem e suas ideias.

A comunicação deve ser ajustada conforme a situação, podendo usar gestos e palavras sofisticadas ou uma linguagem simples, dependendo do público.

Acertar no conteúdo, volume, momento e forma de comunicação é crucial. O processo de coaching esportivo pode auxiliar significativamente o treinador nesse aspecto.

> **MANTER A MENSAGEM CLARA E COMPREENSÍVEL FACILITA A CONEXÃO E A SINTONIA ENTRE TREINADOR E ATLETAS.**

Durante treinamentos e jogos, a forma como o treinador se comunica pode ajudar ou complicar a situação. Conhecer as características intelectuais, culturais, maturidade, inteligência emocional e grau de entendimento dos atletas ajuda a encontrar a maneira mais eficiente de transmitir a mensagem.

A comunicação envolve quatro partes: emissor, canal, mensagem e receptor. A linguagem corporal representa 55% da comunicação, enquanto as palavras representam apenas 7%. A postura e os gestos são mais importantes que o conteúdo verbal, e a forma como nos expressamos pode influenciar a percepção do receptor.

Para uma comunicação clara e sem interferências, o treinador deve atentar para aspectos como entonação de voz, vocabulário, credibilidade, aparência e expressão corporal. A leitura corporal é crucial para entender como a mensagem está sendo recebida.

TER CREDIBILIDADE AO FALAR É ESSENCIAL.

Ser natural, espontâneo, demonstrar sentimentos e deixar as emoções transparecerem ajudam a envolver os ouvintes e a manter o interesse no discurso. Falar com conhecimento, confiança e autoridade também contribui para a construção de credibilidade.

Informações corretas e verdadeiras, experiências pessoais, lições aprendidas e o uso de metáforas são ferramentas que ajudam a convencer os ouvintes. A imagem e aparência do treinador, incluindo a maneira de vestir, abordar temas, responder perguntas e lidar com críticas, também são importantes para formar uma opinião positiva sobre ele.

Para garantir sucesso no discurso, é fundamental que ações e palavras sejam congruentes. Mentir, exagerar, inventar ou fazer promessas não cumpridas compromete a moral e a conduta pessoal do treinador.

A comunicação pode ser verbal, não verbal, visual ou auditiva. Saber qual tipo é mais adequado para cada situação é crucial. Um treinador eficiente deve ser capaz de antever problemas, analisar rapidamente e decidir a forma adequada de se comunicar.

A forma como o treinador expressa frustrações, alegrias e satisfação é importante para o bom relacionamento com o grupo, diretoria, imprensa, torcida e comissão técnica. Quando a comunicação não flui bem, pode gerar desconfiança, baixa autoestima e estresse entre os atletas.

O uso de palavras pode impactar a eficácia da comunicação. Palavras como "não" e "mas" podem negar ou enfraquecer a mensagem. Substituir "não vou errar mais" por "daqui em diante, vou acertar sempre" e "vou tentar fazer o gol" por "vou fazer o gol" pode melhorar a forma como a mensagem é recebida.

Palavras como "devo", "tenho que" e "preciso" indicam falta de controle e devem ser substituídas por "quero", "decido" e "vou". Utilizar tempos verbais adequados, como o passado para descrever problemas e o futuro para expressar confiança, também ajuda a transmitir a mensagem de forma mais positiva e eficaz.

CAPÍTULO SETE

PERGUNTAR E ESCUTAR

"EU FALO SEMPRE COM AS PESSOAS; NÃO QUERO FALAR COM OS JOGADORES, FALO COM UMA PESSOA QUE JOGA FUTEBOL. EU NÃO SOU TREINADOR, EU SOU UMA PESSOA QUE TRABALHA COMO TREINADOR. NÃO SOU TREINADOR, TREINAR É O MEU TRABALHO. EU SOU UMA PESSOA E QUERO FALAR COM UMA PESSOA."

— *CARLO ANCELOTTI*

Perguntar e escutar atentamente são atitudes essenciais para se conectar com os atletas e entender suas necessidades e sentimentos. É crucial estar totalmente concentrado e dedicado ao processo de escuta.

Para uma escuta eficaz, siga estes princípios:

Esteja presente

Mantenha total atenção ao que o atleta está dizendo. Evite distrações e não tente adivinhar o que será dito a seguir.

Faça perguntas coerentes

Formule perguntas que ajudem a aprofundar a compreensão da situação. Evite interromper e pergunte sobre as necessidades e dificuldades do atleta.

Conecte-se com os problemas

Mostre empatia ao se conectar com as experiências e dificuldades que o atleta está enfrentando. Compartilhe que você já passou por situações semelhantes, se for relevante.

Demonstre compreensão

Use expressões corporais, como concordar com a cabeça, sorrir e manter o contato visual, para mostrar que você está entendendo o que está sendo dito.

Faça resumos

Periodicamente, faça pequenos resumos do que o atleta falou, destacando os pontos com os quais você concorda ou discorda. Isso ajuda a garantir que você entendeu corretamente e permite ajustes na conversa.

Evite conselhos inúteis

Pergunte se o atleta deseja ouvir sua opinião antes de dar conselhos. Mantenha uma postura corporal ereta e demonstre tranquilidade e sabedoria.

Peça esclarecimentos

Se não entender algum ponto, peça para que o atleta explique melhor. A clareza é fundamental para resolver problemas e melhorar o relacionamento. Perguntar e escutar com atenção e empatia permitirá que você tome decisões mais informadas e construa um relacionamento mais sólido com seus atletas.

> **AO MODIFICAR NOSSOS PENSAMENTOS, PODEMOS TRANSFORMAR NOSSAS EMOÇÕES.**
>
> — PAULO JAMELLI

CAPÍTULO OITO

POR DENTRO DA PNL

"ATÉ HOJE, PARA CADA NÃO QUE RECEBO, VOU ATRÁS DE UM SIM!"

— *CAFU, FUTEBOLISTA*

A programação neurolinguística, ou PNL, é um conjunto de técnicas e modelos para entender e modificar comportamentos e padrões mentais, desenvolvida na década de 1970 por Richard Bandler e John Grinder. A PNL explora a forma como a linguagem (linguística), os padrões mentais e as percepções sensoriais (neuro) interagem para influenciar o comportamento humano.

A ideia central é que, ao modificar nossos pensamentos e padrões de linguagem, podemos transformar nossas emoções e comportamentos.

Aqui estão alguns conceitos-chave da PNL:

Modelagem

A PNL se baseia na ideia de que é possível identificar e reproduzir os comportamentos e pensamentos de pessoas bem-sucedidas para alcançar resultados semelhantes. Isso é feito analisando e modelando como esses indivíduos alcançaram seus objetivos.

Análise de sistemas representacionais

A PNL explora como as pessoas percebem o mundo e como essas percepções são representadas internamente. Isso inclui o uso de representações visuais, auditivas e cinestésicas (sensações e movimentos). Entender essas representações pode ajudar a comunicar-se de forma mais eficaz e influenciar o comportamento.

Técnicas de mudança de comportamento

A PNL oferece várias técnicas para modificar crenças limitantes e hábitos, como âncoras, reestruturação cognitiva e mudanças de estado. Essas técnicas visam ajudar as pessoas a superarem bloqueios e alcançar objetivos desejados.

Rapport

A PNL enfatiza a importância de construir um bom relacionamento e compreensão mútua (rapport) entre as pessoas para facilitar a comunicação e a mudança de comportamento. Isso envolve ajustar a linguagem e os comportamentos para se alinharem com os de outra pessoa.

Padrões de linguagem

A PNL explora como a escolha das palavras e a estrutura da linguagem influenciam a percepção e o comportamento. Técnicas como a "reformulação" e o uso de "metamodelo" são usados para ajudar a esclarecer e alterar padrões de comunicação.

A PNL é aplicada em várias áreas, incluindo coaching, terapia, vendas, liderança e desenvolvimento pessoal. Seu objetivo é ajudar os indivíduos a alcançarem mudanças positivas e melhorar sua eficácia pessoal e profissional.

> **OUVIR NA ESSÊNCIA É SE ENTREGAR DE CORPO E ALMA À COMUNICAÇÃO.**
>
> — PAULO JAMELLI

CAPÍTULO NOVE

OUVIR NA ESSÊNCIA

> "NÃO, OS SERES HUMANOS NÃO SÃO RACIONAIS, SÃO EMOCIONAIS."
> — *DANIEL KAHNEMAN*

Líderes eficazes sabem que ouvir é uma habilidade crucial. Quando paramos para escutar alguém, não devemos apenas ouvir passivamente; devemos estar completamente concentrados nessa tarefa, dedicando nossa mente e nossa atenção.

Ouvir na essência significa prestar atenção plena às palavras e sentimentos do outro, identificando suas angústias, desejos, sonhos e problemas e usando essas informações para fazer as perguntas certas.

Dar a oportunidade para os jogadores se expressarem sem interrupções, demonstrar tolerância e respeitar opiniões divergentes são atitudes de um líder inteligente. Mesmo que não concordemos com tudo, devemos reconhecer que as pessoas têm diferentes perspectivas e mentalidades.

Ouvir na essência é se entregar de corpo e alma à comunicação. É estar aberto a conceitos e ideias que podem diferir dos nossos, buscando criar uma sinergia e alinhamento nas nossas ações e pensamentos. É usar a percepção e a intuição para fazer perguntas que realmente façam a diferença no relacionamento entre líder e liderado.

> **TODOS NÓS TEMOS A NECESSIDADE DE SERMOS OUVIDOS, DE COMUNICAR NOSSOS PENSAMENTOS E SENTIMENTOS A ALGUÉM QUE REALMENTE SE IMPORTA E NOS ESCUTA SEM JULGAMENTOS.**

Como treinadores e líderes, devemos estar sempre dispostos a ouvir nossos atletas com total atenção e empatia.

CAPÍTULO DEZ

PLANEJAR, FIXAR METAS, MENSURAR RESULTADOS E AGIR

> "O PRIMEIRO PASSO É SEMPRE MAIS DIFÍCIL, CONSTRUA PEQUENAS ETAPAS, COMEMORE AS VITÓRIAS E ACREDITE NO SEU POTENCIAL."
>
> — *PAULO JAMELLI*

Estabelecer e alcançar metas é fundamental para nosso desenvolvimento e sucesso. Pergunte a si mesmo: como nos sentimos ao superar uma meta? Sentimos que merecemos o sucesso? A dedicação e o esforço valeram a pena? O que sacrificamos para alcançar esse êxito? Qual é o sentimento após vencer esse desafio? E queremos sentir isso novamente?

TER UM OBJETIVO CLARO É ESSENCIAL.

O objetivo é o resultado final, uma meta macro composta por várias metas menores. Conhecer o caminho a percorrer e os obstáculos a enfrentar nos dá um parâmetro para medir nosso progresso e ajustar nossa abordagem.

Treinadores devem definir e comunicar claramente suas metas e objetivos ao grupo.

QUANDO TEMOS SONHOS, METAS E OBJETIVOS, ENTENDEMOS MELHOR O PROPÓSITO DA NOSSA PROFISSÃO E NOSSA FUNÇÃO COMO LÍDERES. ISSO NOS MOTIVA E NOS FORTALECE PARA SUPERAR AS DIFICULDADES.

Uma técnica eficaz é escrever e visualizar suas metas. Quando registramos nossos objetivos, assumimos um compromisso pessoal e nosso cérebro processa essa mensagem de forma mais eficaz. Escrever metas não apenas formaliza nosso compromisso, mas também facilita o processo de aprendizagem e a execução de nossas estratégias.

CAPÍTULO ONZE

NOS DAR O DIREITO DE ERRAR

> "UMA PESSOA QUE NUNCA COMETEU UM ERRO, NUNCA TENTOU NADA NOVO."
> — *ANÔNIMO*

A busca pela perfeição é um caminho muitas vezes árduo e ingrato, pois a perfeição, em essência, é um ideal inalcançável. Entender e aceitar que erramos é um passo fundamental para nos libertar da autocobrança excessiva e das expectativas irreais. Reconhecer que os erros são uma parte inevitável da jornada humana nos permite praticar o perdão, tanto a nós mesmos quanto aos outros.

Todos nós temos o direito de errar. Esse direito não nos dá uma licença para a negligência ou a falta de responsabilidade, mas nos concede a liberdade de falhar sem sermos condenados.

> **AO COMPREENDER QUE FALHAS SÃO INEVITÁVEIS, COMEÇAMOS A DESMANTELAR O CICLO DE AUTOCRÍTICA E ANSIEDADE QUE MUITAS VEZES NOS IMPEDE DE AVANÇAR E CRESCER.**

Quando cometemos um erro, a tendência é nos pressionarmos com uma culpa desproporcional. Em vez de carregar um fardo excessivo de culpa, devemos lembrar que o erro faz parte do aprendizado e do crescimento. É essencial suspender o julgamento e aceitar que falhas são oportunidades para aprender e melhorar.

Da mesma forma, quando as críticas surgem, é importante lembrar que todos, sem exceção, erram e falham em algum momento. As críticas não devem ser vistas como uma condenação, mas como uma chance para refletir e ajustar nosso curso. Mostrar que errar é uma parte natural da experiência humana ajuda a criar um ambiente de compreensão e apoio, onde todos se sentem mais seguros para explorar, tentar e, eventualmente, superar seus desafios.

Portanto, ao nos permitir o direito de errar, estamos abrindo portas para um crescimento mais autêntico e sustentável. Aceitar que a falha é uma parte do processo nos permite avançar com coragem e resiliência, sabendo que o verdadeiro progresso não é medido pela perfeição, mas pela capacidade de aprender e se adaptar diante das adversidades.

Um exemplo notável de quem soube administrar bem o erro é o ex-jogador Zico, meu ídolo de infância. E até mesmo os ídolos estão suscetíveis a falhas. Apesar de ser um atleta singular e muito hábil, ele teve a infelicidade de errar um pênalti crucial contra a França durante as quartas de final da Copa do Mundo de 1986, no México. A seleção francesa venceu a partida, eliminando o Brasil do torneio daquele ano. Caso Zico tivesse acertado, o desfecho poderia ter sido diferente.

Mesmo diante dessa possibilidade, ele não deixou esse erro definir sua carreira. Pelo contrário, ele se perdoou e mostrou ser maior que um erro pontual. Foi assim que manteve sua trajetória sólida e, inclusive, viu sua carreira passar por uma grande guinada quando foi jogar no Japão, país onde foi reverenciado com um ícone do futebol.

A partir desse exemplo, podemos constatar que a falha no esporte não é uma sentença, mas parte do processo. O segredo está em como lidamos com esse erro e em como encontramos força e coragem para seguir adiante.

INEVITAVEL DO CRESCIMENTO.

— PAULO JAMELLI

CAPÍTULO DOZE

SÓ EU POSSO ME VENCER

> "NUNCA VENCI TODAS AS VEZES QUE LUTEI, MAS PERDI TODAS AS VEZES QUE DEIXEI DE LUTAR."
> — *CECÍLIA MEIRELES*

A jornada rumo ao sucesso e à realização pessoal e profissional é, antes de tudo, um caminho de autoexigência e autoconhecimento. Para evoluir e conquistar nossos objetivos, é imperativo utilizar 100% da nossa capacidade em cada momento. O verdadeiro progresso não vem da complacência, mas da disposição para dar o máximo de si, independentemente das circunstâncias.

A dedicação plena é um princípio fundamental. Realizar nosso trabalho da melhor forma possível, utilizando os recursos disponíveis e sem se deixar dominar pelas dificuldades, é o dever essencial de um líder. A verdadeira satisfação surge quando terminamos o dia com a convicção de que fizemos o nosso melhor, de que nossos valores foram respeitados e de que estamos seguindo o caminho certo.

A autoavaliação honesta é crucial nesse processo. Podemos tentar enganar os outros ou até mesmo a nós mesmos, mas a verdade é que não conseguimos mentir para nossa própria consciência.

> **O AUTOCONHECIMENTO É UMA FERRAMENTA PODEROSA; ELE NOS PERMITE RECONHECER NOSSAS LIMITAÇÕES E FORÇAS, AJUSTAR NOSSA TRAJETÓRIA E BUSCAR SEMPRE O APRIMORAMENTO.**

Mudar é uma parte inevitável do crescimento. Muitas vezes, sentimos medo e resistência em sair da nossa zona de conforto. No entanto, a capacidade de se reinventar e de desconstruir velhas práticas para construir novas abordagens mais eficazes é uma das ferramentas mais importantes no processo de coaching esportivo e na vida em geral. Encarar novos desafios com coragem e ousadia nos permite evoluir e encontrar soluções inovadoras para problemas antigos.

Assim, a verdadeira vitória é sobre nós mesmos. É a capacidade de superar nossos próprios limites, de confrontar nossas inseguranças e de buscar incessantemente o melhor em cada situação. Só nós podemos nos vencer, e esse processo é o que nos leva a uma vida mais significativa e gratificante.

CAPÍTULO TREZE

COMO FUNCIONAMOS COM O VENTO CONTRÁRIO?

> "PESSIMISTA É AQUELA PESSOA QUE RECLAMA DO BARULHO QUANDO A OPORTUNIDADE BATE À PORTA."
> — *CECÍLIA MEIRELES*

Lidar com o fracasso é uma parte inevitável do caminho para o sucesso. Em momentos de adversidade, a forma como reagimos pode determinar nossa capacidade de superação e crescimento.

O fracasso, embora doloroso, é um componente essencial do processo de conquista.

Perder, ser desclassificado ou não conseguir o objetivo traçado são circunstâncias que acontecem no dia a dia do futebol. Quando isso ocorre, o importante é entender como vamos lidar com essa realidade; é aproveitar esse momento para rever conceitos e posturas. É de um limão fazer uma limonada ou uma caipirinha.

> **COMO ENFRENTAMOS ESSAS DIFICULDADES E COMO NOS COMPORTAMOS APÓS UMA DERROTA SÃO CRUCIAIS PARA NOSSA EVOLUÇÃO PESSOAL E PROFISSIONAL.**

Reagindo ao fracasso

O fracasso, muitas vezes, é o prelúdio do sucesso. Ele pode ser desconcertante e criar feridas, mas é também uma oportunidade de aprendizado. A verdadeira questão é como reagimos a essas derrotas. Em vez de nos deixarmos dominar pelo desânimo, devemos encarar o fracasso como um degrau em nossa jornada. Cada falha oferece lições valiosas que, se bem assimiladas, podem nos conduzir a melhores estratégias e abordagens.

Lidando com críticas

Receber elogios é gratificante, mas as críticas, por mais dolorosas que sejam, frequentemente oferecem o feedback mais construtivo. Aprendemos mais com as críticas do que com os elogios, pois elas revelam áreas em que podemos melhorar. No entanto, se um líder se concentra exclusivamente em destacar o que está errado e em apontar culpados, ele pode desvalorizar o esforço da equipe. Em vez disso, é fundamental balancear a crítica com o reconhecimento dos acertos e o estímulo ao progresso.

Valorizando o trabalho em equipe

Saber lidar com crises e adversidades, mantendo o foco na valorização do trabalho em equipe e do desempenho individual, é essencial para um líder eficaz. Em vez de punir e desmotivar, um bom líder deve reconhecer o que foi bem-feito, celebrar os avanços e manter o moral elevado. Esse equilíbrio entre apontar erros e enaltecer os pontos positivos fortalece a equipe, promove a confiança e o respeito e ajuda a criar um ambiente de trabalho mais positivo e produtivo.

Indicando o caminho a seguir

Apontar erros é apenas uma parte do processo. Após identificar as falhas, é crucial orientar a equipe sobre as mudanças necessárias e o caminho a seguir. Um líder que fornece uma visão clara do que precisa ser ajustado e que guia sua equipe em direção a soluções construtivas tende a ganhar mais confiança e respeito. Em vez de focar em punições, o foco deve estar em premiar os esforços e promover um ambiente de aprendizado contínuo.

Enfrentar o vento contrário e saber como lidamos com as adversidades são excelentes oportunidades de nos fortalecer e medir nossa força. Ter essa visão é importante para nos tornarmos mais preparados e equilibrados. A grande sacada é tirar proveito do que aprendemos com elas.

Ao adotar uma abordagem equilibrada que combina críticas construtivas com reconhecimento e valorização, é possível orientar a equipe em direção ao progresso. Um líder pode não apenas superar os desafios, mas também fortalecer o espírito de equipe e promover um ambiente de crescimento e sucesso.

> **NO CONTEXTO ESPORTIVO, O RESPEITO ÀS REGRAS É UM PRINCÍPIO FUNDAMENTAL.**
>
> — *PAULO JAMELLI*

CAPÍTULO CATORZE

A IMPORTÂNCIA DE RESPEITAR AS REGRAS

> "ALGUMAS VEZES O CAMINHO CORRETO
> NÃO É O MAIS FÁCIL."
> — *VOVÓ WILLOW (POCAHONTAS, 1995)*

A estrutura da nossa sociedade é sustentada por um conjunto de regras e normas que garantem a convivência harmoniosa e o funcionamento adequado dos grupos sociais.

Essas regras não apenas definem como devemos interagir uns com os outros, mas também estabelecem os padrões que nos ajudam a alcançar objetivos coletivos e individuais.

No contexto esportivo, o respeito às regras é um princípio fundamental que orienta o sucesso e a eficácia das equipes.

A importância das regras

Regras e normas são fundamentais para o bom funcionamento de qualquer equipe e no esporte de alto rendimento não é diferente. Elas garantem que todos os membros da equipe compreendam suas responsabilidades e saibam o que se espera deles. Quando as regras são bem definidas e compreendidas, elas promovem um ambiente de trabalho harmonioso e eficiente. Isso é crucial para a criação de um clima de respeito mútuo e colaboração, em que cada membro da equipe sabe seu papel e suas obrigações.

Transparência e clareza

Para que as regras sejam eficazes, é essencial que sejam comunicadas de forma clara e transparente. O treinador deve deixar explícitas as expectativas e as normas que regem a equipe. Essa clareza evita mal-entendidos e garante que todos estejam na mesma página. Quando as regras são bem compreendidas, as chances de sucesso aumentam significativamente, pois todos os membros da equipe sabem exatamente o que é necessário para alcançar os objetivos comuns.

Disciplina e respeito

No esporte de alto rendimento, disciplina e respeito são pilares indispensáveis. A falta de disciplina pode levar a um desempenho abaixo do esperado e aumentar o risco de fracasso. A adesão às regras estabelece uma base sólida sobre a qual a equipe pode construir estratégias e buscar melhorias. Respeitar as regras também envolve reconhecer a importância de manter uma atitude profissional e comprometida, o que contribui para o sucesso coletivo e individual.

Reflexo do mundo interior

O respeito às regras não se limita ao ambiente externo; ele também reflete o estado interior de cada indivíduo. A forma como tratamos as normas e a disciplina em nossa vida pessoal e profissional afeta diretamente nosso ambiente e nossa interação com os outros. Manter a paz interior e a integridade nas nossas ações ajuda a criar um ambiente externo igualmente harmonioso. A maneira como lidamos com as regras e normas influencia nossa capacidade de alcançar sucesso e manter relacionamentos saudáveis e produtivos.

O respeito às regras é uma peça-chave para a construção de um ambiente de trabalho bem-sucedido e harmonioso, especialmente no contexto esportivo.

> **A CLAREZA NA COMUNICAÇÃO DAS NORMAS, A IMPORTÂNCIA DA DISCIPLINA E O REFLEXO DAS NOSSAS AÇÕES INTERNAS SÃO ASPECTOS FUNDAMENTAIS PARA GARANTIR QUE TODOS OS MEMBROS DA EQUIPE ESTEJAM ALINHADOS E COMPROMETIDOS.**

Ao adotar e respeitar essas regras, promovemos não apenas o sucesso individual, mas também o crescimento e a coesão da equipe como um todo.

A GRATIDÃO É UMA FORÇA UNIVERSAL QUE TRANSCENDE BARREIRAS.

— *PAULO JAMELLI*

CAPÍTULO QUINZE

O PODER DA GRATIDÃO

> "LEVANTEMOS PARA O DIA E SEJAMOS GRATOS, PORQUE SE NÃO APRENDERMOS MUITO HOJE, PELO MENOS APRENDEREMOS UM POUCO E, SE NÃO APRENDERMOS UM POUCO, PELO MENOS NÃO FICAREMOS DOENTES E, SE FICARMOS DOENTES, PELO MENOS NÃO MORREREMOS. ENTÃO SEJAMOS TODOS GRATOS."
> — *SIDARTA GAUTAMA*

Nas fases difíceis da vida, é comum nos sentirmos sobrecarregados e desamparados. No entanto, frequentemente, essas situações negativas escondem lições valiosas.

Às vezes, não conseguimos ver isso no calor do momento, mas, com o tempo e uma perspectiva mais ampla, podemos reconhecer que tudo faz parte de um plano maior, um presente sutil do universo. Nesses momentos, a gratidão se torna uma ferramenta poderosa.

A gratidão é uma força universal que transcende barreiras.

Ela não distingue entre quem a recebe ou quem a oferece, assim como a luz do sol e a chuva, que nutrem a todos igualmente.

> **QUANDO EXPRESSAMOS GRATIDÃO, ELEVAMOS NOSSA ALMA E NOS CONECTAMOS DE MANEIRA MAIS PROFUNDA COM AS PESSOAS E O AMBIENTE AO NOSSO REDOR.**

Esse ato não só recarrega nossas energias, como também nos lembra do valor das experiências que vivemos.

Ser grato por cada desafio enfrentado é um sinal de sabedoria. Às vezes, o que parecia uma adversidade pode se revelar uma oportunidade disfarçada. Ao reconhecer e agradecer por essas oportunidades, fortalecemos nossa capacidade de superar obstáculos e crescemos como indivíduos.

Lembre-se de momentos em que a gratidão entrou em sua vida. Como se sentiu ao receber ou oferecer um gesto de agradecimento? A verdadeira gratidão é uma qualidade que devemos cultivar e apreciar.

Quando agradecemos antecipadamente por algo que desejamos alcançar, criamos uma energia positiva que ajuda a manifestar esses desejos. Enviamos uma mensagem ao nosso subconsciente, afirmando que o sucesso já é uma realidade e que somos gratos por isso.

Ao agradecer pelas experiências da vida, alinhamos nossos pensamentos e ações com o fluxo do universo, criando uma harmonia que nos conecta a algo maior. Essa conexão nos faz sentir parte de um sistema vasto e significativo.

> **PALAVRAS OU ATITUDES, TEM O PODER DE TRANSFORMAR NOSSA VIDA DE MANEIRA PROFUNDA E POSITIVA.**

Agradeça sinceramente e observe como isso pode mudar sua perspectiva e enriquecer sua jornada!

AGRADECIMENTOS

Quando decidi escrever este livro, não tinha a menor ideia de como acabaria. Foi uma jornada desafiadora, mas foi empolgante e extremamente gratificante.

Essa jornada não teria sido possível sem o apoio e a colaboração da minha família, meus amigos, minha editora e todos os profissionais que me ajudaram a dar forma e sentido à cada página desse livro.

A vocês, que estiveram ao meu lado em cada momento, em cada desafio, minha gratidão. As palavras de encorajamento, cada conversa, ideia e risada foram essenciais para que eu pudesse seguir em frente.

Também, obrigado a todos vocês, leitores, que embarcam nesta jornada comigo. Meu maior desejo é que este livro toque cada um de vocês de uma maneira especial, impactando na sua vida de forma positiva.

Paulo Jamelli
24/09/2024

TIPOGRAFIA:
Seb Neue (título)
Open Sans (texto)

PAPEL:
Cartão LD 250g/m2 (capa)
Pólen Soft LD 80g/m (miolo)